Sales Enablement
アカウント型BtoB営業における営業力強化

デジタルマーケティング時代の法人営業戦略とは

株式会社富士ゼロックス総合教育研究所

河村 亨

目次

はじめに ··· 5

第1章 【問題提起】
なぜ可視化や効率化だけでは成果が出ないのか ············· 9
- 1-1 ある営業マネジャーが抱えるモヤモヤ感 ·················· 10
- 1-2 市場の成熟化がもたらす商品の高度化・複雑化 ·········· 15
- 1-3 SFA/CRMがうまく活用できない理由···営業は掛け算だ ···· 18
- 1-4 マネジメントが現状に合っていない ························ 21
- 1-5 その「働き方改革」は間違っています！ ·················· 25

第2章 【市場戦略】
意識すべき「アカウント型営業」と対象先の選定方法 ········· 29
- 2-1 エリア型とアカウント型営業の違い ························ 30
- 2-2 アカウント型営業が目指す提供価値 ························ 32
- 2-3 なぜお客様を選ばなければいけないか ····················· 34
- 2-4 ターゲティング・ポートフォリオを使って顧客を層別する ··· 38
- 2-5 アカウント型営業に必要な二つの活動とは ················ 43
- 2-6 「自分を売れ！」はもう通用しない ························ 45

第3章 【顧客戦略】
「アカウントプラン」により更なる提案余地を考える ············ 49
- 3-1 お客様の中から「主要アカウント」を選び出す ············ 50
- 3-2 アカウントに対する新規案件を洗い出す ·················· 53
- 3-3 「企業内ホワイトエリア」を使って商材需要を整理する ···· 57
- 3-4 アカウントプランに案件情報をまとめる ·················· 60
- 3-5 営業マネジメントは退化する！？ ·························· 65

第4章 【提案創出】
お客様の事業課題から提案を創出する ···························· 69
- 4-1 上位者と会って最上流のニーズを聞く ····················· 70
- 4-2 3Cモデルからお客様の事業課題を引き出す ················ 72
- 4-3 お客様の課題を解決手段に分解する ························ 77

4-4 解決策として何が提供できるかを洗い出す······78
 4-5 上位者面談を有意義なものとするには？······82

第5章【案件化】
質の高い面談により提案(ニーズ)を共有し案件化する······87
 5-1 ニーズを正確に理解する······88
 5-2 プレイヤーの役割を整理する······93
 5-3 個人的関心事や事情に焦点を当てた面談プランを立てる······96
 5-4 行動コミットメント（約束）を獲得する······99
 5-5 思考を促し、納得を得る「ワークショップ型面談」とは······102

第6章【成約】
商談を的確にマネジメントし、成約する······107
 6-1 プレイヤー情報の再整理を行う······108
 6-2 強み・弱みを踏まえて活動オプションを考える······111
 6-3 確度の観点から受注予測をする······113
 6-4 受注までの商談プロセスを管理する······117
 6-5 目的を明確にしてミーティングの質を上げる······126

第7章【関係構築】
お客様との長期的な関係性を構築する······131
 7-1 組織対組織の関係づくりを目指す······132
 7-2 アカウントプランを進化させる······134
 7-3 「関係性の5段階」を使って活動目標を立てる······136
 7-4 自社に対するお客様の認知を変える······139
 7-5 SFA/CRMを使ってアカウントプランを一元管理する······142

補章
営業における働き方改革のポイント······147
 1 負担業務から効率化・代行できる業務を仕分ける······148
 2 営業戦略と業務仕分けをセットで議論する······152

参考資料······156

はじめに

「営業の生産性」が特に問われている昨今、「顧客管理」を強化し売り上げを上げるために、多くの企業様がSFA/CRMなどのITツールを導入し、営業現場の働き方を変革していこうとされています。しかし、ツールを導入したものの、データを上手く活用できず苦労していたり、形だけの「働き方改革」の強化により、更に生産性を落としている企業様も多く見受けられます。特に「アカウント営業」と呼ばれるような、特定の顧客と深い関係構築を図らなければならない営業スタイルの場合、営業活動の定性的な〝質〟が問われるため、本来こういったツールや考え方が得意としてる「効率化」などの〝量〟への対応が上手く機能しません。そこで、「B2B営業」「アカウント型営業」「コンプレックスセリング」とはどのようなものか、そこには、どのような行動と能力が必要か、そしてそれを支えるための仕組やマネジメントは？更に「アカウントプラン」等をSFA/CRMツールに取入れ、特定顧客との取引拡大に貢献する営業活動の〝質〟向上に活用しながらも、全体的な営業活動の最適化を図り、事業を最大化するためのポイントを解説します。

第1章【問題提起】なぜ可視化や効率化だけでは成果が出ないのか
第2章【市場戦略】意識すべき「アカウント型営業」と対象先の選定方法
第3章【顧客戦略】「アカウントプラン」により更なる提案余地を考える
第4章【提案創出】お客様の事業課題から提案を創出する
第5章【案件化】　質の高い面談により提案(ニーズ)を共有し案件化する
第6章【成約】　　商談を的確にマネジメントし、成約する
第7章【関係構築】お客様との長期的な関係性を構築する

登場人物

本作は、以下2名の登場人物による会話形式で進展していきます。

河村:富士ゼロックス総合教育研究所の営業力強化コンサルタント。主に営業部門の「戦略実行力の強化」「SFA/CRMツールの活用・定着」「働き方改革」などのテーマで活動中

ヒラタ:大手産業機械メーカーのベテラン営業マネジャー。

まじめで前向きな性格だが、最近の環境変化に戸惑っている。河村とは近隣コミュニティーのゴルフ仲間で個人的に親しい間柄

第1章【問題提起】
なぜ可視化や効率化だけでは成果が出ないのか

1-1 ある営業マネジャーが抱えるモヤモヤ感
1-2 市場の成熟化がもたらす商品の高度化・複雑化
1-3 SFA/CRMがうまく活用できない理由…営業は掛け算だ
1-4 マネジメントが現状に合っていない
1-5 その「働き方改革」は間違っています！

1-1　ある営業マネジャーが抱えるモヤモヤ感

- ヒラタ　河村さんは企業の営業部をサポートする仕事をされているんですよね。
- 河村　はい。主に営業力強化をテーマにコンサルティング活動をやっています。
- ヒラタ　実は、うちの営業チームのことで悩んでいることがあって、河村さんに話を聞いてもらいたいと思っていまして。
- 河村　いいですよ。なんでも言ってください。
- ヒラタ　ありがとうございます！　とは言っても、どこから話せばいいのか……。なんだかいろいろあり過ぎて、頭の中がずっとモヤモヤしているんですよね。
- 河村　そうですか。それでは特に気になっていることを思いつくまま話してみてください。
- ヒラタ　まず一つは、何をどうやって売っていったらいいかがよく分からないということです。うちの会社は生産設備や機械の製造・販売を主軸とするB to Bメーカーなんですが、最近は売るものが増えてサービスやシステムを合わせ、ソリューションとして売るよ

うになっていて。商材が変われば、当然売り方や売り先も変えていかなければならない。だけど、モノだけを売るのと違って、サービスも組み合わせたり、サービスそのものを売らなければならないとなると、お客様にどうやって提案したらいいのかがイマイチよく分からなくて、部下に適切な指示が出せないんですよ。

河村　売り方のノウハウがつかめないと？

ヒラタ　ええ。しかも商品自体が複雑化しているから、現場のセールスには専門的な知識や高い営業スキルが要求される。もちろん、それに対応できているメンバーも何人かはいますが、ほとんどは日々の営業活動をこなすのが精いっぱい、という状況なんです。

河村　なるほど。

ヒラタ　一方で、新製品が出ると、会社からは重点的にそれを売れという指示が下りてきたりする。つまり、新製品をテコにして売り上げ拡大や新規獲得を図ろうという考え方です。私が営業現場の第一線に立っていたころは、確かに新製品を出せばバンバン売れるという状況がありました。でも、今はそういう時代じゃない。スペックが非常に優れているとか、よほ

ど画期的な製品でない限り、なかなか売れないんですよ。

河村 よく分かります。

ヒラタ 実際には、そうした新しい戦略や方針が打ち出されても、「忙しくて手がつけられない」とか「本部はお客様のニーズが分かってない」とか、あれこれ理由をつけて現場が新しい戦略に向けて動かなかったりすることもあるんですけどね。

河村 無意識のうちにメンバーが忌避行動を取ってしまうわけですね。それもよく聞く話です。

ヒラタ さらにここへ来て、上層部から言われていることがあって。それは「営業を可視化しろ」ということ。科学的な営業マネジメントとでもいうのでしょうか、とにかく営業プロセスを見える化して、定量的に分析可能な形で管理したいということでSFAを導入したんです。ところが、これがあまり使えなくて、残念な状況になってしまっていて……。

河村 残念な状況とは？

ヒラタ たとえば、活動データを分析して特徴的な傾向を見つけ出そうとしても、微妙な波形ばかりでよく分からなかったり、「見ないでも分かる」ようなありきた

りなことしか言えなかったりとか。あるいは、見積もりを出して一定期間たったところを抽出して営業にハッパを掛けていたりしたのですが、お客様の意思決定スピードがそれぞれ違うため、「それは分かってます、ただこのお客様は…」と反論されたり。

　何よりも一番の目的は、営業プロセスの標準化、すなわちハイパフォーマーの傾向を分析してメンバーで共有化することにあったのです。しかし、その前に状況が特殊すぎて共感されないんですね。

河村　「SFAあるある」というヤツですね。

ヒラタ　そもそも、SFAは営業側が望んでいたわけではなく、経営側の強い意向で導入したものなので、自分から積極的に使うはずはありません。ですから、メンバーの入力もおざなりになりがちで。彼らからすると、個別のお客様のことをよく考えて最適な活動をしているつもりなので、そういった定性的な営業行動やプロセスを数字で表せるのか、表して意味があるのか、ということについて疑いを持っているわけです。

河村　セールスの特性でもありますね。

ヒラタ　私自身、そういう傾向が強くて、現場にいたころは

自分なりのやり方で売って、それなりに成果も上げてきました。でも、今はそういうわけにはいかない。先にお話ししたように、昔と比べて売り方が難しくなっているし、しかも、これも当たり前ですが、成長を前提とした目標が課せられるようになっている。なんとかメンバー一人ひとりの営業力をアップして、組織の業績を上げられるようにマネジメントできないかと思っているんですが……。

河村　……ですが？

ヒラタ　うーん、なんとなく空回りしている感があるんですよね。たとえば、「新規開拓はどう？」とか「新商品の反応はあったの？」と聞いても、「やっています」「いろいろ回っているけど反応なくて」というあやふやな答えが返ってくるだけなんです。彼らは彼らで一生懸命やっているんだろうけれども、どこを回ったらいいのか、どうやってアプローチしたらいいのかがつかめていない。こちらも何を優先的に決めて指導をしていったらいいか分からない。お互いかみ合わないまま、ぐるぐると回っているような状況なんですよ。

1-2　市場の成熟化がもたらす商品の高度化・複雑化

河村　ヒラタさんが悩んでいることについて、だいたい理解できました。いくつか原因があると思うので、一つひとつ解きほぐして整理していきましょう。まず、商品をどうやって売ったらいいか分からないということですが。

ヒラタ　はい。

河村　その背景にあるのは、一言で言えば市場の成熟化です。つまり、景気の良し悪しにかかわらず、成熟した市場では全方位的な市場拡大というのは望めません。あるのは既存製品の代替需要か、お客様の意図した事業拡大に伴う需要になります。一見商品に対する需要が低下し、モノが売れにくくなるように感じます。そうした状況では、ヒラタさんがおっしゃる通り、単に新製品を出すだけではお客様は飛びついてくれないし、ましてや新規開拓も進みません。そこで、企業としてはさらに付加価値をつけて売って、周辺需要を取り込んでいこうと考えるわけですね。

ヒラタ　サービスを組み合わせたり、それを含めたシステムを売ったりするということですか？

河村　その通りです。つまり、結果として商品が高度化・複雑化していくのです。そうなると、できるだけ多くの顧客を獲得するために商材を絞り込んで重点的に売っていくという方法は成り立たなくなる。それよりも、限られた少ない数のお客様に対して、より多くの商品やサービスを提供することで長い取引をしていく方が合理的になります。特に、産業材を売り物としているようなB to B企業にとっては、ハードからソフトまで多様化した商材を通じて、一社のお客様と深く付き合っていくことが戦略として欠かせなくなるわけです。

ヒラタ　なるほど。うちの会社でも何社かのお客様とは、そうした取引をしていますが、さらに付き合いを深めて売り上げを伸ばしていくということですね。

河村　言い方を変えると、市場を面として捉え、いかに自分たちのシェアを拡大していくかというのが従来の営業のやり方でした。しかし、成熟市場では物理的な接点量を増やしただけで開拓できる面というのはほとんど存在しません。ですから、これからの営業

においては面で売っていくという考え方ではなく、点である個々のお客様との取引の幅をどれだけ広げられるかという視点が重要になってくるのです。もちろん新規開拓も重要ですが、そこにはまた固有の戦略が必要になり、一緒に語ることはできません。

ヒラタ 河村さんのおっしゃることはよく分かります。だからこそ、われわれもお客様にサービスを含めた大きな提案をしていかなければならない。でも、それをどうやって契約につなげていくかが難しいんですよ。

河村 確かに案件が大きくなると、契約を取るのが難しくなるというのはあるかもしれない。でもそれは、取引の過程で関係者が増えるからですよね。特にお客様の課題解決策を提案するソリューション型の営業活動では、意思決定者が何人もいることが当たり前です。私たちは、そうした複数の意思決定者が関わるような営業取引をコンプレックスセリングと呼んでいます。

ヒラタ コンプレックスセリング……？

河村 もっと詳細に説明すると、お客様の課題の大きさが経営課題や戦略課題に近く、経営上位層まで意思決定に絡んでくるような取引です。また、商談プロセ

スが複雑なため意思決定までの時間や営業コストがかかります。こうしたコンプレックスセリングを成功に導くためには、綿密な攻略プランが必要になります。

1-3 SFA/CRMがうまく活用できない理由
　　　…営業は掛け算だ

河村 では次に、ヒラタさんを悩ませている問題として、SFAに行ってみましょうか。

ヒラタ よろしくお願いします。

河村 SFAとはSales Force Automation（営業支援システム）のことで、日本では1990年代半ばから普及し始めました。ちなみに、SFAに類似するツールとしてCRM（Customer Relationship Management＝顧客関係管理）があります。両者の違いは、SFAが営業活動管理、CRMが顧客接点管理に視点が置かれていることだけで、機能としてはほとんど同じです。ただし、最初のブームから四半世紀がたった今もなお、SFAを導入した企業の多くが有効に活用できていな

いのが現状でして、中にはその失敗からSFAをCRMと言い換えている会社もあります。

ヒラタ どうしてSFAがうまく活用できないのでしょうか？

河村 その前に、経営者が何のためにSFAを導入しようと考えているかについてお話ししたいと思います。ヒラタさんの会社では、「営業の可視化」や「科学的な営業マネジメント」を意図して導入されたということですよね。

ヒラタ そうですね。

河村 実はそうしたことを実現するのは、経営者にとって積年の課題なんです。というのも、経営者からすると、営業というのはそのプロセスが見えにくいし、活動の成果も月末に締めてみないと分からない。要するにふたを開けるまで営業活動の成果が分からないというのが不安なんです。どのように活動したら、どれくらいのリターンが得られ、目標に対してどの程度達成できるかということを早い段階から予測したい。それがSFA導入の一番強い動機だと思います。

ヒラタ 経営層の心理としてはよく理解できます。つまり、工場の生産管理のようなことを営業部門でもやりた

いということですか？

河村　おっしゃる通りです。だから、「Sales Force Automation（セールス・フォース・オートメーション）」なんですね（笑）。ただし、そうした考え方には少し落とし穴があって。

ヒラタ　落とし穴……？　なんでしょう？

河村　たとえば生産管理の場合、どれだけの作業量にどれだけの人を投入したら、どれだけ生産性が上がるか、あるいはコストが下がるかということがほぼ計算できます。しかし、営業活動の管理で果たしてそういうことができるでしょうか。営業の可視化や科学的なマネジメントというのは、あくまでもプロセスを明確化して良い取り組みができているかどうかを分析し、先行管理をするためです。生産性や効率性の側面だけに関心を寄せてしまうと、とんでもない勘違いが起きてしまうんです。

ヒラタ　とんでもない勘違いというのは？

河村　たとえば、効率良く動きましょうということで、提案資料を作成する時間を短縮するために、共通の提案資料で済ませ、それにより1日の訪問件数の目標を3件から5件に増やしたりとか。そうやって効率化し

た結果、訪問件数は増えたけれど、どこにも刺さらないような中身の薄い提案となってしまい、結局契約が一つも取れなかったということになったら元も子もありませんよね。

ヒラタ 効率化だけではうまくいかないということですね。

河村 私はよく、「営業の世界は足し算ではなく掛け算だ」と言っています。生産管理であれば、改善を積み重ねていけば、その分効果は表れるけれども、営業の場合はそれをやったからといって売れるとは限らない。逆に意味のない活動をいくらやっても成果は出ない。ゼロに何を掛けてもゼロにしかならないのと一緒です。SFAの活用においては、量の議論ばかりで、質が問われていないのが問題なのです。

1-4 マネジメントが現状に合っていない

ヒラタ 量より質が大事なのは私自身もよく分かっています。けれども、その質を上げるためにマネジャーとして何をすればいいのか分からないんですよ。

河村 ヒラタさんが抱える悩みの核心の部分ですね。結論

から言えば、仕組みをつくらないといけません。
- ヒラタ 仕組み……ですか？
- 河村 はい。企業が営業力強化を図るときにありがちなのが、トーク力を上げるとかプレゼン能力をつけさせるといった、セールス個人の力をとにかくアップすればいいという単純な思考になることです。さらにSFAを導入し、科学的な手法によって個々の活動分析をして営業生産性を上げよう、つまり「個人の能力×接点量＝成果」という方向に行ってしまう。もちろんこの考え方自体が間違っているというわけではありません、かつてのような市場拡大期ならば全方位的に個人の能力を鍛えていくというやり方で正しいのですが、成熟市場ではどういう競争で勝つかという具体的な戦略を立てた上で、営業力を組織的に強化していくことが重要なんです。
- ヒラタ まずは戦略があって、それを実行するための仕組みをつくるということですか。
- 河村 そうです。その仕組みをつくるための前提として営業戦略がしっかりと定まっていないと、どっちの方向に走っていったらいいか分からないですよね。

　で、先ほども話したように、今は「面で売ってい

く」というやり方ではなく、一社のお客様と長い取引をしていく時代です。ところが、世の中が変わったにもかかわらず、マネジャーの考え方も含めて組織が現状に合った体制になっていない。だから、現場のメンバーと経営を含めたマネジメント層との間で話がかみ合わない。

ヒラタ　そこに関しては、思い当たることがあります。やはり、自分が量を拡大するという売り方でずっとやってきたので、「スピードを重視しろ」とか「できるだけ多く回れ」という言い方で現場のメンバーにハッパを掛けたりしてしまう。それ以外の方法を知らないんですよ。でも、なんの具体性もないから響かないし、言えば言うほど空回り感しかなくて。

河村　確かに、経験がないからうまく指導できないというマネジャーは少なくないですね。けれども一方で、マネジャーにイチイチ指導を受けなくても、お客様の状況を見て何を提案すればいいか自分で判断しながら活動しているような、アカウント型営業に対応できている勘の良いセールスも実際にはいるんですよ。

ヒラタ　アカウント型営業……？

河村　特定のお客様と長期的な関係構築を図りながら、多様な商品やサービスを提案していく営業スタイルのことです。私がB to B企業に向けて行っているのも、どうやってアカウント型営業を実践していくか、またその特定のお客様と担当しているその他のお客様をどう効果的に管理して全体の成果を上げていくか、というコンサルティングなんです。

ヒラタ　ということは、営業マネジャーとして私がやらなければいけないのは、アカウント型営業についての理解とそれに即したマネジメントということになりますね。

河村　はい。モノが思うように売れなくなったのは、世の中が変化したという面もありますけれど、組織としてそれに適応できていないということの方が大きい。現場はなんとなく分かっていてアカウント型営業にシフトしているけれど、マネジメント側がその状況を理解できていない。そこに齟齬（そご）の原因があるんです。

1-5 その「働き方改革」は間違っています！

- ヒラタ 河村さんの話を聞いて、頭がだんだんスッキリしてきました。せっかくなのでもう一つ、お聞きしたいことがあるんですが、いいですか？
- 河村 はい、なんでしょう？
- ヒラタ 最近、働き方改革ということで、うちの会社でも残業削減や業務の見直しに取り組んでいまして。ただ営業部門は日中外出していることが多いので、就業時間内に仕事を終わらせることが難しくて、なかなか残業を減らせないんです。どうしたら効率良く働いて、残業を減らすことができるでしょうか？
- 河村 残業を減らすことは私の仕事ではないのですが、働き方改革については、政府が推し進める政策的な課題ということもあって、お客様から相談を受けることが増えてきています。しかしながら、営業部門の働き方改革というと、それこそ質の議論をせずに業務を効率化しようと考える方が多くて、そこが間違いのもとになっているんです。
- ヒラタ えっ、効率良く仕事をしようと考えるのはいけない

んですか?

河村　いえ、どうやったら効果が出るのかという「質」を先に考えるのが重要で、「量」を減らすというのはその結果だということです。営業の効率化というのは、生産工程や他の管理業務と違って、活動の質がまずは問われなければなりません。

ヒラタ　具体的にはどうやって効率化すればいいんですか?

河村　まずは業務の仕分けを行います。その際にも質の議論から始める。そもそも営業が成果を上げるためには、それぞれのお客様との接点でどのような活動をどれくらいしなければならないか、そしてその接点活動を行うために障害となっている負担活動は何か。それがはっきりした上で、それは負担ではあるが営業がやるべき主要業務なのか、それともただの負担である付帯業務なのかを仕分けします。たとえば専門的な仕事か、一般化できる仕事か、全てお客様固有で標準化できない仕事か、次の営業接点につながる仕事か、などさまざまな角度から検討します。それをやった上で、不要な業務を省いたり、他の人やツールに代替させたり、あるいは仕組み化したりして効率化を進めていきます。

ヒラタ　なるほど。そうやって、セールスが本当にやらなければいけない仕事だけをやれるようにするわけですね。

河村　実は営業部門の働き方改革においても、アカウント型営業の発想が必要になります。なぜかというと、営業の質を高めるには、関係を深めたい特定のお客様を絞り込んで、メリハリをつけた営業活動をしていかなければならないからです。

　いくらセールスの付帯業務を省いても、本業である営業活動のメリハリがついていないと、また別の優先度の低い営業活動に忙殺されてしまい、営業成果につながらず、仕事が完了しないからです

ヒラタ　コンプレックスセリング、アカウント型営業、質の議論から始める働き方改革……。これまでの自分の営業観を覆されるだけでなく、新しい営業の可能性を感じてなんだかワクワクしてきました。できれば、もっと詳しく知りたいです。また改めて、お話を伺ってもよろしいですか？

河村　もちろん、いいですよ。次回は資料やデータをお見せしながら、ご説明しましょう。

第2章【市場戦略】

意識すべき
「アカウント型営業」と
対象先の選定方法

2-1 エリア型とアカウント型営業の違い
2-2 アカウント型営業が目指す提供価値
2-3 なぜお客様を選ばなければいけないか
2-4 ターゲティング・ポートフォリオを使って顧客を層別する
2-5 アカウント型営業に必要な二つの活動とは
2-6 「自分を売れ！」はもう通用しない

2-1 エリア型とアカウント型営業の違い

ヒラタ 前回河村さんからお聞きしたのは、今のように成熟した市場でB to B企業が売り上げを伸ばしていくには、組織としてアカウント型営業をしっかり意識して市場の管理をしていかなければいけないという話でしたね。そこで今日は、そのアカウント営業について、さらに詳しく聞きたいと思っています。

河村 分かりました。前回はさわりだけでしたので、基本的なことから説明していきましょう。

ヒラタ よろしくお願いします。

河村 まずアカウント型営業の特徴を理解してもらうために、従来的な「エリア型」の営業と比較してみましょう。

ヒラタ エリア型というのは、河村さんがよく言われる「面で売っていく」という営業ですね。

河村 はい。市場を面として捉えた上で、シェアの拡大を目指していくのがエリア型です。基本的にエリアで顧客や担当する営業を分けて、営業活動を行います。一番分かりやすいのは自動車や住宅などのB to

C営業ですが、B to Bでもそれに近い動きをする場合が多くあります。たとえば〝面〟として顧客が存在しているオフィス関連の製品やサービス等が挙げられます。また拠点が多いという意味でのルートセールスやエンドユーザーが多く存在するという意味での代理店営業などもその一例といえますね。いずれにしても一人の営業担当がユーザー含めた多数の顧客を抱えることが多いです。

それに対してアカウント型は、顧客中心に担当営業を決めます。エリア型と比べて顧客数は極端に少なく、場合によっては一社だけを相手にする。まあ、あくまでも一般的な比較ですが、エリア型とアカウント型の違いを挙げていくと、この表のようになります（図1）。

ヒラタ ちょっと待ってください。うちの会社も営業担当はエリア別に分けていますが、なかには売上高の大きい取引先もあって、そうしたお客様には担当を厚くしたりしています。なので、必ずしもエリア型といえないのではないかと……。

河村 おっしゃる通りです。組織としてはエリア型でやっているという認識を持っているけれども、実質的に

はアカウント型営業になっていることはよくあります。というか、実際にはエリア型とアカウント型が混在していることがほとんどです。大事なのはそこではなく、アカウント型営業の要所は、特定の数少ないお客様と深い付き合いをしながら、自社の売り上げを最大化していくことにあるということです。

図1「エリア型とアカウント型の特徴」

	エリア（シンプル）型	アカウント（コンプレックス）型
担当顧客数	多い	少ない（又は二極化）
1社での発生案件数	少ない	多い
顧客の優先度	特にない（又は発生案件単位）	売上高（又は顧客規模）
行動の基本原則	効率、スピード、成約	効果、適正、満足
行動の方向性	攻め、開拓	攻め、守り（関係性構築）
案件の規模	小規模	**大規模**（又は混合）
案件のリードタイム	短い	**長い**（又は混合）
意思決定関係者	少ない（トップダウン）	**多い（ボトムアップ）**
提案商品	単品、単発	**複合**、継続

2-2　アカウント型営業が目指す提供価値

河村　ところで、ヒラタさんは「バリュー・プロポジション」という言葉を聞いたことはありませんか？

ヒラタ　バリュー・プロポジション？　聞いたことはないけ

れど、マーケティング用語か何かですか？

河村　はい。バリュー・プロポジションというのは、企業が競争に勝つためにどんな価値を提供するかということです。そのタイプとして、「製品の革新性」「業務の卓越性」「顧客密着性（緊密な顧客関係）」のいずれかで戦略の軸を決めている企業が多いといわれています。

ヒラタ　具体的にはどういうことですか？

河村　たとえば、「製品の革新性」を提供価値としている企業は、その名の通り今まで世の中になかった革新的な製品を出し続けることで、圧倒的に優位なポジションを得ようとします。IT関連に多いかもしれませんね。

　「業務の卓越性」は究極的なオペレーションの効率化によって、商品・サービスの「安さ」や「速さ」という価値を提供することで、流通や外食チェーンなどに多いかもしれません。

　そして「顧客密着性」は、お客様との緊密な関係性がお客様にとって特別な提供価値になるということです。

　さて、これら三つの軸のうち、アカウント型営業

がどこを目指しているかというと……。

ヒラタ 3番目の「顧客密着性」ですね。

河村 その通りです。アカウント型営業で重要なのは、お客様に密着し最高の満足を提供することが、自社の価値を最大化するための戦略であるということです。ただ、この戦略でとても大切なことは、リソースの観点からも「全てのお客様に密着することはできない」ということ。「顧客密着性」を掲げ、そこに多大な労力とコストをかけるからには、お客様を選ばなければいけない。狙ったところに対してアプローチを掛けるというのが、アカウント型営業では絶対に外せないポイントとなります。

2-3 なぜお客様を選ばなければいけないか

ヒラタ でもお客様を選ぶというのは、われわれ営業からすると抵抗感がありますね。そもそも営業ってそういう立場じゃないし、買ってくれるお客様に対して失礼な気がします。

河村 おっしゃることは分かります。そこで、このグラフ

を見ていただけますか？（図2）　これはパレート図と呼ばれるものですが、ここではある営業部門の顧客別売上高を高い順に並べて示しています。おそらくどこの企業でも、売上高の大きい顧客から小さい顧客までこのような分布で混在していると思うのですが、いかがでしょうか？

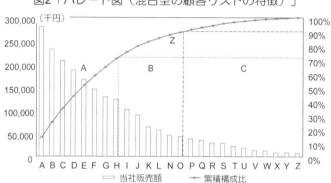

図2「パレート図（混合型の顧客リストの特徴）」

ヒラタ　そうですね。うちの営業チームもだいたいこんな感じです。

河村　ここで注目してほしいのは、上位層の顧客の売り上げが全体の売り上げにどれくらい寄与しているかと

いうことです。マーケティングの世界では、ニハチの法則（2対8の法則）といって、全顧客の上位2割が売り上げの8割を占めるといわれています。そうすると企業にとっては、経営資源をその2割に集中させることが合理的だという話になるわけですね。

ヒラタ　ということは、河村さんが言う「お客様を選ぶ」というのは、売上高の大きい上位層のお客様のことですか？

河村　いえ、そんな単純な話ではないのですが、それについてはまた後で詳しく説明します。

　さて、このパレート図は一企業内の顧客分布を示していますが、一人の営業マンにおいても同じことが言えるんです。つまり、一人の営業担当が抱えるお客様の中には、売上高の大きい数社とそれ以外の多数の会社がある。そしてその多数の会社の中にも、ワンタイムの取引しか発生していない会社があれば、継続的に取引しているけれどその額が小さいという会社もある。案件発生数、会社の規模、取引商材の額も全部バラバラです。いろんなお客様が混在しているのに、すべて一律の顧客管理をするというのはあまり意味がないですよね。

ヒラタ それはその通りなんですが、どういう営業活動をするかは基本的に現場に任せていたりしますね。

河村 そこなんですよ。たとえば優秀な営業マンならば、お客様の事業や市場の変化を見て、どのお客様に対して集中的に攻めるかを自分で判断し、メリハリをつけた営業活動ができているはず。なぜメリハリをつけなければいけないかというと、活動リソースが限られているからです。しかし、どういう基準でお客様を選んでいるかについて、マネジャーときちんと合意が取れている人は少ないんですよ。

ヒラタ うちのチームにもできるメンバーがいるけど、確かにそういう話はしたことがないかもしれないなあ。大きな案件を取ってきたりするので、どんな営業をやっているんだろうと思っていましたが。

河村 たぶん、その人なりのお客様の選定基準や活動様式があるんだろうと思います。でもそれがチームとして共有できていない。それはマネジメントのやり方がエリア型の発想になっていて、アカウント型営業に適応できていないからなんです。

ヒラタ 今まではできるだけ多くのお客様をフォローして、関心があったところに売り込みをかけるというのが

営業の定石だと思っていましたが、それではダメだということですね。

河村　要は選択と集中です。アカウント型営業の対象となる顧客とそうでない顧客を明確に分けた上で、メリハリのついたリソース配分をしていく。そのためにまずはお客様を見極めなければなりません。自社にとって多くの労力とコストをかけるターゲットとしてふさわしいか。それと同時に自社に対してパートナーとしての価値を感じてくれるかという視点も重要になります。

2-4　ターゲティング・ポートフォリオを使って顧客を層別する

ヒラタ　アカウント型営業ではお客様を選ぶことが大事だということは分かりましたが、どうやってそれを決めていけばいいんですか？

河村　今からそれを説明します。まずはこの図を見ていただけますか？　これは「ターゲティング・ポートフォリオ」といって、顧客を層別するときによく使っ

ているものです。(図3)

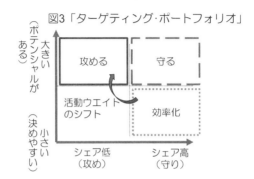

図3「ターゲティング・ポートフォリオ」

- **ヒラタ** ターゲティング・ポートフォリオ……？
- **河村** どの顧客に対して、どういう戦略で取引していくかということを可視化するためのフレームワークですね。縦軸がお客様の購買力、横軸が自社との取引状況を示すインナーシェアとなっています。あるいは、縦軸については自社の商品やサービスをどれだけ買ってくれるかということなので「魅力度」と言い換えてもいいでしょう。この二つの軸でお客様を評価し、四つのゾーンに分類します。
- **ヒラタ** 売上高の大きさや取引の回数ではなく、購買力とインナーシェアという基準で判断していくわけですね。

河村　はい。まず右上のゾーンから説明していきましょう。ここは購買力が大きく、インナーシェアも高いところ。つまり、取引規模が大きいうえに、他社よりもたくさんの自社商品を買ってくれている一番のお得意様ですよね。会社としては絶対に守らなければいけないので、「守る顧客」となります。

ヒラタ　会社の屋台骨を支えてくれるので、当然そうなりますね。

河村　次はその下の、インナーシェアは高いけれど購買力が小さいというゾーン。ここも実はお得意様なんですよ。会社の規模が小さいから大きな売り上げは期待できないけれど、親しく取引をさせてもらっている。担当営業マンにとっては居心地がいいので、放っておくとつい足が向いてしまうというお客様です。

ヒラタ　ああ、それはよく分かります。あまり大きくないから要求が厳しくない割に、期末のときにはこちらからの無理なお願いを聞いてもらえたりする。かなり偉い人が直々に応対してくれるような小規模の企業に多いですよね。

河村　ただしあまり売り上げの伸び代がないので、会社としては営業活動の「効率化」を考えていく必要があ

るお客様です。なぜなら、もっと活動量を振り分けるべきところが他にあるから。それが購買力は大きいのにインナーシェアが取れていない左上のゾーン。自社にとっては伸び代があり、ぜひとも取引を拡大していきたい。よってここは「攻める顧客」となります。

ヒラタ　残りのゾーン、すなわち購買力が低くインナーシェアも低いところはどうするのですか？

河村　ここは営業部門としては特に戦略というものはありません。あえて言うなら「何もしないこと」が求められます。もちろん企業全体としては「ロングテール」の戦略として取り組むべき余地はありますが。

ヒラタ　「守る」「攻める」「効率化」……。こうして三つのタイプにお客様を整理できると、自分たちがどのお客様に何をしなければいけないかがはっきり理解できますね。

河村　この顧客層別で重要なことは、まさしくそこなんです。売り上げだけでお客様を判断してしまうと、本当に攻めなければいけないターゲットがどこにあるのかが意識されないわけですよ。もうお分かりかと思いますが、この中でアカウント型営業の主要顧客

となるのはどこかというと……。
- ヒラタ 「攻める」お客様になりますね。
- 河村 その通りです。もちろん「守る」お客様も対象にはなりますが、狙いを絞った顧客で売り上げを拡大させていかなければならないわけですから、営業的に特に力を割いていくという意味で重要なポイントになるのは、自社の商品やサービスをより買ってくれる余地があるか、つまり自社にとって購買力のポテンシャルが大きいかどうか。それが明確になっていないままアカウント型営業に突き進んでいっても、あまり見返りが得られないばかりか、会社にとって損失につながることもあるわけです。逆に、一見シェアが高く「守る」お客様だと思っていても、これからご説明するアカウント型営業の視点で分析すると意外とお取引いただける可能性のある領域で取りこぼしがあり、実は「攻める」お客様であることが分かったりします。

2-5 アカウント型営業に必要な二つの活動とは

ヒラタ ただ思うんですけどね、河村さん。「攻める」ゾーンのお客様というのは確かに魅力的ですが、競争も激しいと思うし、そこに食い込んでいくのもなかなか容易じゃないですよね。

河村 そうですね。だからこそ、長期的なスパンで考えないといけない。単に自社製品を買ってもらうだけではなく、会社あるいは組織ぐるみで関係をつくり、信頼されるパートナーとして認めてもらうことが必要になるんです。ちょっと概念的な話になりますが、営業活動には大きく分けて二つの活動が重要であると考えています。

ヒラタ 二つの活動……？

河村 一つは、お客様との間に発生した案件を追いかけていく活動です。まあ、担当営業が行う日常的な提案活動のことですね。もう一つは、お客様と組織対組織での関係を構築していく活動です。この二つの活動を図式化すると、（図4）のようになります。アカウント型営業では、案件対応のループと関係構築の

ループをバランス良く回していくことが欠かせないんです。

ヒラタ なるほど。確かに提案活動ばかりではお客様も疲れてしまうだろうし、関係づくりだけやっていても案件には結びつかない。よく分かります。

河村 また、先ほどの例で言えば、「守る」お客様は提案活動による拡大余地が少ないわけですから、営業に任せるだけでなく、組織対組織の関係を構築して、より関係性を強固なものにしながら営業の負担軽減を行い、その分「攻める」お客様への提案活動を強化

図4「アカウント型営業における2つの活動」

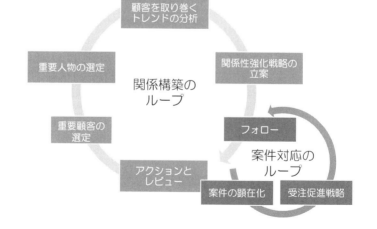

する。といったことも考えられます。

　さらにもっと言えば、「攻める」お客さまに対しては二つの活動ループが連動していることが重要です。つまり、案件活動を通じた関係構築活動になっているかどうか。実際、お客様に良い提案をして役に立つ存在だと認められたり、良い商品やサービスを納めて感謝されたりすることで、お客様との信頼関係ができていくわけですからね。

2-6 「自分を売れ！」はもう通用しない

ヒラタ　でも、少し極端な話になりますが、新規営業の場合はどうなんでしょう？　まだ関係もできていないうちに商品の提案なんてしても迷惑がられるだろうし、まずは足しげく通って顔を覚えてもらうことが大事なんじゃないかと思うんですが。

河村　そういうオーソドックスなやり方もありますね。ただ最近はそうでもないんですよ。というのは、お客様も忙しいので用もないのに会ってくれないし、逆にいきなり「提案を持ってきて」と言われることも

少なくないんです。

ヒラタ　へぇー、そうなんですか。お客様の方から要求が来ると。

河村　はい。実は営業の世界ではエリア型からアカウント型へという流れに加えて、もう一つ時代の変化というのがあるんです。たとえばヒラタさんは現場で営業回りをしていたとき、上司から「自分を売ってこい」とか「お客様に育ててもらえ」とか言われたりしませんでしたか？

ヒラタ　言われましたね。特に新人のころは自分を売り込むことが営業だと教えられていました。

河村　そうですよね。だけど、そういうやり方はもう通用しないんですよ。自分を売るとか育ててもらうとか今はそんな時代じゃない。だいたいお客様にとっては関係ないし、なんのメリットもありません。お客様が求めているのは、業務の改善に結びつくような有益な情報だったり、課題解決につながる専門的な知識です。

ヒラタ　情報や知識？

河村　特に重視されるのが専門性の高さです。というのはインターネット時代なので、ある程度の基本的な情

報はお客様自身で入手されているから。昔は売り手と買い手の間に大きな情報格差があったけれども、今はそれほど格差はない。だから、自分しか売るものがないような営業マンには会っても仕方がないというわけです。

ヒラタ　……うーむ、厳しいですね。

河村　逆に有益な情報を持っていれば、先ほども話したように意外と最初のハードルは低いので「すぐ持ってきてよ」となる。それだけお客様は利益になることであればやりたいし、貪欲なんですね。ただし時間がなくて面倒くさいから、イチから自分で選ぶということはしません。だからこそ、専門的な知識を持っている営業がいたら頼りたいと思うだろうし、営業にとっては大きなチャンスになるわけですよ。

ヒラタ　そうか。自分を売るのではなく、専門性や情報収集力があり頼りになる営業だと認めてもらうことなんですね。

河村　ええ。口八丁手八丁で売り込み上手な営業マンより、多少口下手で押しは弱くても、専門的な話ができてお客様の知りたいことに正確に答えられる営業の方がいい。今はそうした誠実さが求められていま

す。だからやっぱり、提案を通じた関係構築が大事なんですね。

　関係構築活動については専門的なモデルを用いて、また後で詳しく説明します。ここまではアカウント型営業の活動の基本についてお話ししてきましたが、次はもう少し実践に踏み込んで話を進めていきましょう。

ヒラタ　よろしくお願いいたします！

第3章【顧客戦略】
「アカウントプラン」により更なる提案余地を考える

3-1 お客様の中から「主要アカウント」を選び出す
3-2 アカウントに対する新規案件を洗い出す
3-3 「企業内ホワイトエリア」を使って商材需要を整理する
3-4 アカウントプランに案件情報をまとめる
3-5 営業マネジメントは退化する！？

3-1 お客様の中から「主要アカウント」を選び出す

河村　今回はアカウント型営業の実践ということで、具体的に何から取り組んでいくかについてお話ししたいと思います。その前に少しおさらいをしましょう。前回ターゲティング・ポートフォリオを用いた顧客層別の考え方を説明しましたね。

ヒラタ　はい。お客様の購買力を縦軸に、自社のインナーシェアを横軸にとって、すべてのお客様を「守る」「攻める」「効率化」というゾーンに振り分けていくという方法でしたね（図3）。アカウント型営業ではお客様との長いつきあいを通じて取引の最大化を目指すことが目的なので、購買力のポテンシャルが大きくて伸び代のあるお客様に狙いを定めるという話でした。

河村　最終的にどのお客様にどのような営業活動を仕掛けていくかはその会社の戦略や考え方次第です。しかし、組織として売り上げを拡大させていくというのが暗黙の前提である以上、その拡大する先をどこに求めるかということなんです。エリア型の発想であ

れば新規顧客ということになりますが、成熟市場では拡大の見込みは薄い。よくMA（Marketing Automation）の世界ではせっかくコストをかけてイベントや展示会で新規顧客につながるリード情報を獲得しても、セールスに情報を流した途端止まってしまう（訪問してくれない）なんてことがありますが、これはアカウント型営業としての意識が強いセールスにおいて、その役割の認識にギャップがあるからと言えるでしょう。もちろん成熟市場でも新規顧客の獲得は重要ですが、そこには戦略的な組織として取り組みが必要であり、簡単にはいきません。であるなら、既存顧客の中に売り上げを伸ばせる余地があるかどうかを探す必要があります。重要なのはその余地の総量がどのくらいあるか。以前にも言いましたが、単に今たくさん買ってくれているからといっても伸ばせる余地がほとんどないお客様であれば、それはセールスに任せるのではなく組織として「守る」ための対応策が必要なのであって、ここで言うアカウント型営業を仕掛ける先ではないのかもしれないということです。

ヒラタ そこで少し疑問が湧いたのですが、その売り上げを

伸ばす元となるお客様の購買力というのはどうやったら分かるのですか？

河村　いい質問です。実はそれを決めるのは結構難しいことなんですよ。その会社の総購買量、つまり自社の製品をどれくらい買ってくれるかなんて正確には分からないですからね。なので、普通は代替指標として売上規模や従業員数などを使ったりします。例えば生産設備の場合、1事業所当たりの使用台数の目安がつけば、事業所数から何台必要になるかが推計できますよね。その台数がその会社の総購買量となります。

ヒラタ　なるほど。

河村　ただしそれは極端に単純化したものなので、どうしても正確さには欠けるんですよ。また、購買力というのは常に一定ではありません。成長している企業かどうか、あるいは経営者が拡大志向かどうかで変わります。その他にも業界の成長力や業界内シェア、技術力やブランド力などさまざまな要素が関わってくる。ですから正確な指標を求めるのであれば、そうした要素を点数化した上で加算するという方法もあります。※詳細2015年発行「3つのフレームワー

ク」参照

ヒラタ 売上規模や従業員数は調べればすぐに分かりますが、それ以外の情報は入手するのが難しいですよね。ましてや経営者の考えなんて知りようがないし。

河村 IR資料など公開情報からある程度は推定できるものもあるでしょうし、後は営業活動の中でヒアリングするなりして入手していくしかないですね。ただし今回はアカウント型営業がテーマなので、主要アカウントとなるお客様かそうでないかが区別できればいい。とりあえず売上規模を尺度として購買力を定量的にざっくり仮設定し、後ほど説明する「企業内ホワイトエリア」という考え方を使って、定性的、具体的に検証していきます。

3-2　アカウントに対する新規案件を洗い出す

ヒラタ 要は伸び代があって魅力的なお客様を狙いましょうということですよね。うちでも何社か思いつくけれど、シェアを取りたくても競合にがっちり押さえられているからなあ。

河村 売り上げを伸ばす方法は、すでに納めている商材のシェアを上げていくことだけではないですよね。つまり、「伸び代」の中身にもいろんなパターンがあるわけです。まずはそれを一つひとつ洗い出してみましょうか。

この図は一つのアカウントの中で発生する案件、もしくはそれに対する活動を示したものです（図5）。大きく分けると①〜③の三つあります。①は今つきあいのある部門との既存案件です。当然、営業活動としてはその継続活動となります。②は既存部門に対する新規取引、③は新規部門に対する新規取引です。

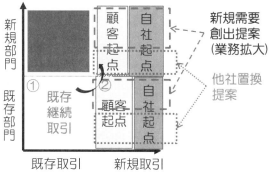

図5「アカウント内活動項目」

> **ヒラタ** そうか、新規取引にも今つきあいのある部門の中で拡大を狙うケースと、別の部門に打って出るケースの二通りあるわけですね。

> **河村** はい。その新規取引についてさらに細かく見ていきましょう。まず案件がどちら側から発生するかで考えると、お客様からきっかけをもらう場合と、売り手側から仕掛ける場合がありますね。つまり「顧客起点」か「自社起点」かです。それとは別に新規需要にも、他社商品から自社商品への置き換え需要と、イチから新しく創出する需要がある。そうすると、一つのアカウントに対する活動としては全部で何通りあるでしょうか？

> **ヒラタ** 既存取引が一つ、新規取引が$2×2×2=8$だから全部で九通りですか。

> **河村** そうなりますね。ちなみにこの中で一番難度が高いのが自社起点で新規需要を創出していく活動です。例えばお客様の事業課題をリサーチし、「その解決のためには先々を見据えて業務改善が必要になるので、弊社の製品・サービスを導入してほしい」といった提案ができるかどうか。

> **ヒラタ** それはハードルが高いですね。お客様とのつきあい

が深まってからでないと難しいかもしれない。

河村　もちろん、すぐには無理ですよね。だからその前にできることから始めていくわけです。例えば、面談の最中にお客様がちょっとした困り事やお悩みをボソッと口にされることってないですか？

ヒラタ　ああ、それはありますね。他社の製品への不満だったり、現業の煩わしさだったり、上位方針への戸惑いだったり。まあ、ぼやきですかね。

河村　ところがそうしたぼやきをちゃんと拾えずにスルーしていることって結構多いんですよ。顧客起点といっても、いきなり見積もり依頼や明確な要求が来ることなんてめったになくて、お客様も意識されていないようなぼんやりした問題点や違和感に気付くことが、実は新規提案のきっかけとしてすごく重要なんです。

ヒラタ　それはセールスの感度が試されますね。鈍かったら気付けない。

河村　だからこそ、個別のお客様に対してどのような案件が発生する可能性があるかを把握しておく必要があるんです。個人の感度に頼るのではなく、事前に予測してチャンスを取り逃がさないようにするために

ね。それに加えて、活動の見直しもしていかないといけない。どの「伸び代」を伸ばすかを決めて活動ウエイトの配分を考えていくわけです。

3-3 「企業内ホワイトエリア」を使って商材需要を整理する

ヒラタ しかし、活動ウエイトの配分を考えるといっても、肝心のどこに何を売っていくかが分からないと……。

河村 おっしゃる通りです。そこで「企業内ホワイトエリア」という考え方を使います。

ヒラタ ホワイトエリア?

河村 言葉の意味としては「空いている場所」ということになりますが、ここでは自社の商材に対して需要があるにもかかわらず、その商材が納められていない部門のことを指します。平たく言えば、自社の商品を買ってくれる可能性があるところです。ただし、その中には他社の商品を使っているというケースもあれば、本来ならばその商品が入っていてもいいはずなのにまったく更地になっているというケースも

あります。それを視覚化するために、例えば図6のような商材と部門を対応させた表を使います。

ヒラタ　どの部門にどの商材を売っていくかを整理するわけですね。なるほど、これなら分かりやすいです。

河村　まず黒く塗りつぶされた場所は、そもそも商材の需要がない場所、物理的に購入の可能性がまったくない部門です。産業機械を売りたいのに工場がないとか、その部門にとって機能として必要ない商材は売ろうとしても売れないですよね。ですから、最初に商材購入の余地があり得るかあり得ないかが整理されていないといけません。そして○が付いている場所は、現在商品を購入している部門です。この表では商材Aが部門②と部門③に入っています。

図6「企業内ホワイトエリア」

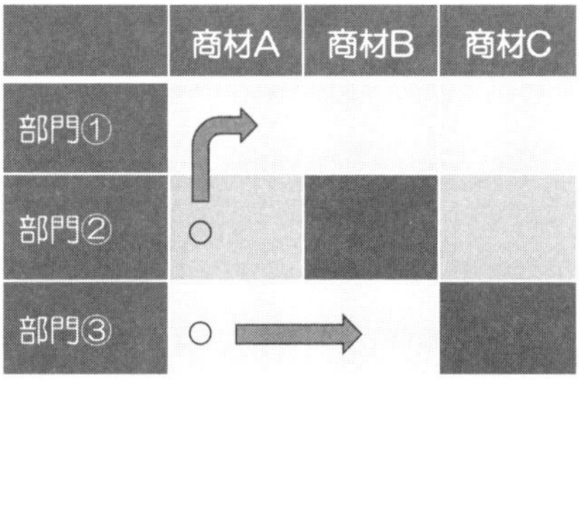

	商材A	商材B	商材C
部門①	↱		
部門②	○		
部門③	○ →		

ヒラタ　この矢印が示しているのは、その商品を次はどこに展開していくかということですか？

河村　その通りです。まず上の矢印は、部門①にはまだ何も商品が入っていないけれど、部門②に入っている商材Aを買ってもらえる可能性があるので、その提案を仕掛けるという活動を示しています。あるいは部門①に入っている他社の商品を自社の商材Aに置き換えてもらうという提案を仕掛けるという場合もありますね。

　一方、下の矢印は、部門③に入っている商材Aを商材Bに置き換えるという提案です。単純に商品の耐用年数が切れるので新商品に買い換えてもらうとか、お客様の事業環境が変化し、機能的により適合した商品への交換を勧めるというケースが考えられます。

ヒラタ　要するに企業内ホワイトエリアというのは、お客様の中で自社の商品を買ってもらえる可能性のある場所を示した見取り図ということになりますね。

河村　そう考えてもらっていいと思います。その見取り図ができていると、売り上げを伸ばすためにどこをターゲットにしてどのような提案を仕掛けていくかと

いうプランを考えやすくなります。また以前にもお話ししたように、このように定性的、具体的に検証していくと、すでに相当の売り上げがあるので「守る」お客様かと思っていたけど実は十分に「攻める」余地のあるお客様であることが分かったりします。

3-4 アカウントプランに案件情報をまとめる

ヒラタ　営業の活動種類やその行動配分の見直し、そして商材視点でとらえた企業内ホワイトエリアの考え方。一つひとつについては分かったけれども、全部をつなげて考えるとなんだか複雑で頭が混乱してきました。

河村　そうですか。ではちょうどいいので、ここまでお話ししたことを「アカウントプラン」という形でまとめてみましょう。

ヒラタ　アカウントプラン、ですか？

河村　主要アカウントに対して個別に営業活動を管理するためにお客様情報を整理したものです。

ヒラタ　ああ、それならウチの営業部でも作っていますよ。

顧客台帳のことですよね。

河村　失礼ですが、その顧客台帳にはどのような情報がまとめられていますか？

ヒラタ　そうですね、まずはお客様の基本的情報と取引実績、そして今後の売上目標と何を商材として売っていくか。あと、お客様のホームページや四季報から引いてきた事業課題などを書き加えたりすることもあります。

河村　それだけですか？

ヒラタ　それだけですね。

河村　ええと、それは残念ながら、私が言うところのアカウントプランとは違いますね。そもそもアカウントプランがなぜ必要なのかというと、主要アカウントとの取引を拡大するためです。つまりそれは既存取引ではない、新規の需要をお客様の中に創出するということです。従って、アカウントプランにはそのために必要な情報が整理されていなければならないのです。

ヒラタ　必要な情報とは？

河村　一つは先ほどお話ししたホワイトエリア情報です。どの部門にどのような商材購入の可能性があるか。

そして購入決定までのプロセスに関わる人物として誰がいるのか。ターゲットとなる部門、提案する商材、関係するすべての主要プレイヤーといった情報がホワイトエリアごとに整理されていることが重要です。

　それからお客様の事業課題ですが、そういった情報を盛り込んでセールスに意識させていること自体はとても良いと思いますが、ホームページや四季報の情報を引いてきただけでは不十分です。というか、販売という意味においてはほとんど役に立ちません。

> ヒラタ　それはどういう意味ですか？

> 河村　BtoB営業では、売り手の売りたい商品をそのまま買ってもらえるということはありません。お客様が自分たちの事業にとってその商品が必要だと判断したときに買ってもらえるわけです。ということは、別途詳しくご説明しますが、お客様の事業戦略や事業課題に対して、自社の商品や提案がなぜ貢献できるのか、お客様の側からその必然性について自然に理解できるようなストーリーとして落とし込まれていないと、どのような提案をしてもお客様には響きません、ましてや新規需要の創出なんてできません

よね。そもそも公表されている事業戦略や事業課題はお客様が事業を発展させていくためにさまざまな思考を重ねた結果に過ぎません。お客様の置かれている環境から、なぜお客様がその戦略を選択せざるを得ないのか、その過程を共感できなければ、課題の本質的な意味合いや優先度を理解できず、浅い提案になってしまいます。多くの場合、顧客台帳にホームページや四季報の情報をコピペしただけで「おおっ、何かいい感じ」と満足してしまっているのではないでしょうか。

　そして最後にもう一つ。お客様の事業課題を理解した上で、お客様の事業に貢献するためにどのような提案ができるか、ということを先の貢献ストーリーと共に仮説で構わないのでまとめておくことも必要です。これを「仮説ストック」とここでは呼びます。

ヒラタ　ええっと、少しごちゃごちゃしているので整理してもらえますか？

河村　いいですよ。アカウント型営業の概念を図にするとこんな感じになります。(図7) 特にアカウントプラン策定の手順として、次の4つのポイントを押さえて

ください。
① -1（顧客目線でとらえた）事業戦略・事業課題（3C情報）
① -2 顧客内ホワイトエリア
① -3 購入部門（ホワイトエリア）別、主要プレイヤー情報
① -4（解決ストーリーに基づく提案可能性）仮説ストック

図7「アカウントプランによる案件創出マネジメント」

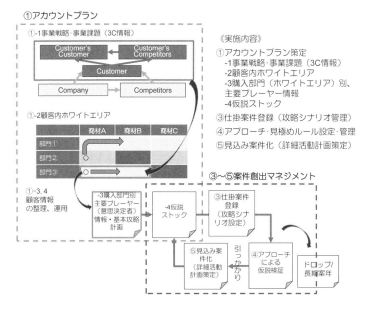

各手順については、また詳しくご説明しますので、まずは概略をつかんでいただければと思います。

こうした情報を整理し、常に意識しておくことによって、新規需要の創出だけでなく、日頃の何気ない会話の中のニーズにつながるヒントに関しても、セールス個人の感度に頼ることなく着実に反応できるようになり、商談機会をロスすることがなくなるのです。また、こうした情報を「お客様カルテ」などと呼んでいる企業もあります。

3-5 営業マネジメントは退化する！？

ヒラタ　「お客様カルテ」と聞いて思い出したのですが、数年前に外から来た部長の指示でこんな体裁のフォーマットを作って営業管理をしていたことがありました。現場のセールスからは「細かすぎて書くのが面倒くさい」とかなり不評を買っていましたが。そのうち誰も使わなくなったので、すっかり忘れていました。

河村　そうでしたか。いや、でもそれはよくある話ですね。

ヒラタ　よくある話って？

河村　営業マネジメントというのは結構退化したりするんですよ。

ヒラタ　退化するんですか？

河村　ええ。SFAもそうですけれど、新しいツールや取り組みを導入してもなかなか定着せず、途中でやめてしまったりすることが多いんです。そこが生産部門との大きな違いなんですね。

ヒラタ　それはどうしてなんですか？

河村　いくつか原因があると思いますが、一つは生産方法と違って導入効果を数字ではっきりと計測できないからではないかと。営業というのは非常にファジーなので、絶対にこのやり方が正しいと言い切ることが難しい。成果が見えないと、なんとなく自信をなくしてしまって続けられなくなるんです。

　もう一つの原因は人事です。リーダーが変わると、それまでの方針もガラッと変わってしまうことがある。前任者のやり方を否定する人も多いですから、組織として継承されていかないんですね。

ヒラタ　うーん、思い当たるところがあるなあ……。しかし、私からも一つ言わせてもらえば、新しいやり方を導入することに対する現場の抵抗ってものがすごく大

きいんですよ。特にそれが先進的であればあるほど、嫌がられたりするんです。

河村　それは営業という組織の特性でしょうね。管理されるのが何よりも嫌いな人たちの集まりですから。ただ、それも含めてマネジメントの問題なのです。

ヒラタ　マネジメントの問題？

河村　はい。私は「プロセスと成果のトレーサビリティ」という言い方をするのですが、営業というのは行動に対する成果のトレーサビリティが保証できない職種なんです。例えば科学的な手法を取り入れて活動を管理しても、それで本当に成果が出るかどうか分からない。成果が保証されないのであれば、今までのやり方でうまくいっているのだから別にやらなくてもいいよね、ということになる。つまり、やってもいないうちに現場が勝手に結論を出してしまうわけです。そこでマネジャーが踏みとどまれればいいのですが、最近は部下におもねる上司が多くて、それを追認してしまったり、あるいは「負荷がかかる」とか「効果がないよ」とか、それこそ部下に忖度（そんたく）して先回りして言ったりするんです。そうなると、いったい何のためのマネジャーなのかと

……。
- **ヒラタ** それはちょっとひどすぎますね。
- **河村** 結局、組織が変わらないと、営業マネジメントも変わらない。というか、組織の論理によって退化することもある。数年前まで先進的な営業手法を実践していたのに、今はその形跡すら残っていないということもあり得るのです。
- **ヒラタ** 成果が出ないと続かない……。なんだか営業マネジメントがとても難しいことのように思えてきました。
- **河村** 大丈夫ですよ。正しい方法論を押さえれば恐るるに足りません。次回は先ほど簡単に触れたアカウントプラン策定手順「4つのポイント」の具体的な方法論について説明しましょう。

第4章【提案創出】
お客様の事業課題から提案を創出する

4-1 　上位者と会って最上流のニーズを聞く
4-2 　3Cモデルからお客様の事業課題を引き出す
4-3 　お客様の課題を解決手段に分解する
4-4 　解決策として何が提供できるかを洗い出す
4-5 　上位者面談を有意義なものとするには？

4-1　上位者と会って最上流のニーズを聞く

河村　さて、いよいよここからはアカウントプランの考え方にのっとって、新たに案件を創出していくための具体的な方法論について説明していきます。

ヒラタ　よろしくお願いします！

河村　前回、アカウントプランの概略とその策定のポイントを紹介しましたね。
①顧客目線でとらえた経営戦略・事業課題
②ホワイトエリア情報
③ホワイトエリアごとの主要プレイヤー情報
④新規案件を仮説ストックとして整理
　これら4つのポイントは案件創出の手順でもありますが、そもそも論として、なぜお客様の事業課題から出発するのか分かりますか？

ヒラタ　お客様との取引を拡大するには、まずお客様の事業課題の中にある潜在的なニーズを見つけることが必要だから？

河村　そういうことですね。もっと言えば、新たな取引のための投資、又はその投資に係わる情報をお客様か

ら引き出すことが必要だからです。そのためにはお客様にとって優先度の高い事業課題が何かを把握しなければならない。事業レベルでの課題となると、日頃つきあいのある部門よりも上位にいる経営層か、それに近い立場の人と会って情報を得る必要がありますよね。

ヒラタ　投資を引き出すためには投資をする人の考えを知らなければならないということですね。

河村　はい。ビジネスの世界では、「より上流の工程から関わる」というのは一般的なセオリーでもあります。もちろんこれは取引拡大のための投資を引き出すという意味もありますが、価格競争になることを避けるためにも重要なのです。例えば入札がその典型ですが、お客様が購入する商品を決めて業者比較をする段階から参画しても、値段のたたき合いになってしまいます。自社にとって有利な取引をするためには、お客様が何を買うのか、あるいはどうしてそれを買うのかというところから関わらなければいけない。欲を言えば、お客様の要望を聞いてRFP（Request For Proposal＝提案依頼書）の要求仕様を一緒につくれるようになれるとさらに望ましいです。

ヒラタ そこまでいくと、売り手と買い手の関係ではなく、お客様にとっての事業パートナーになりますね。

河村 ええ。アカウント型営業が究極的に目指すのはそのレベルの関係です。そのための第一歩として上位層の幹部にアプローチをすること、そして最上流のニーズである事業課題を聞き出すことから始めるわけです。

4-2 3Cモデルからお客様の事業課題を引き出す

ヒラタ 上位者とのアポイントメントが取れて会うことができたとしても、何から切り出せばいいのでしょう？いきなり「御社の事業課題を教えてください」なんて聞けないですよね。

河村 そうですね。相手に「教えてくれ」と言う前に、まず「この人に話したら何か面白いことがありそう」と思ってもらわなければなりませんよね。そこで面談前の準備として、お客様の事業戦略についての仮説を立てます。ウェブサイトに公開されているIR資料や新聞・雑誌などから企業情報を集め、それを元

第4章【提案創出】お客様の事業課題から提案を創出する

にお客様の業界動向やビジネス環境を踏まえた上で、お客様が抱えている課題とは何なのかを考えるのです。このとき重要なのは自社視点ではなく、あくまで顧客視点で課題をとらえることです。そのために私は（図8）のようなお客様起点の3Cを使って情報を整理することを推奨しています。

（図8）　お客様起点の3C情報

- ヒラタ　3Cって何ですか？
- 河村　Customer's Customer＝お客様のお客様、Customer's Competitors＝お客様の競争相手、Customer's＝お客様、の3Cです。この3Cを軸として、市場がどのような状況になっているのか、そしてそれはどのように変化しようとしているのかを整理し、そこからお客様の事業課題を導き出していくわけです。
- ヒラタ　どうして3Cモデルから事業課題が分かるのですか？

河村 いい質問です。そこで(図9)のような「3Cモデル」に沿って情報を整理してみます。まず起点となるのが「お客様のお客様」です。ここでは「顧客」と書かれていますが、お客様の求める価値やお客様の変化をまとめます。次に、それらに対して自社(お客様)と競合がそれぞれ対応できているのかどうかを考えます。そして自社の対応と競合の対応を比較したとき、その差が「課題」ということになります。

一つひとつ見ていきましょう。まず自社と競合のどちらも対応できていない場合。これは潜在的課題です。お客様が求めている価値、あるいは市場の変化が想定されているのにどちらも対応できていない

(図9)「3Cモデル」によるお客様の事業課題の整理

お客様のお客様 A) お客様の求める価値 B) お客様の変化	お客様の競合の対応 Aに対する対応 Bに対する対応
自社(お客様)の対応 Aに対する対応 Bに対する対応	課題の抽出 自社、競合どちらも対応できていない(潜在的機会・脅威) 競合だけ対応できている(弱み) 自社だけ対応できている(強み) ⇒優先的な**事業課題**

ので、相手よりも先んじることが重要になる。ただし競合も当然対応しようとしているでしょうから、実際には機会でもあり脅威でもあるのです。

ヒラタ 更地の市場をどちらが先に取るか。先に取った方が優位性を獲得できるわけですね。

河村 お客様の求める価値やその変化に対して、次に競合だけが対応できている場合。これは明確な弱みとなります。緊急の課題と見てキャッチアップを急ぐか、あるいは戦略としてあえて捨ててしまうという選択もあります。

ヒラタ 捨ててしまうというのは、圧倒的な差をつけられた場合ですか？

河村 それもありますが、そもそも対応するだけの能力や技術力がなければ対応できませんし、無理して挑戦したとしても、後からやっと追いついても変化はさらに進んでいたりして、それに見合うリターンが得られるかは分からないですよね。そしてお客様の求める価値やその変化に対して自社だけ対応できているというのが強みです。重点課題として、その強みをより強化していくことが考えられるでしょう。

ヒラタ なるほど。このようにしてお客様の事業課題を引き

出していくのですね。

河村 また、このような3Cの要素をそのまま事業課題に持っていくシンプルなやり方もありますが、この3C要素を活用して、お客様自身のSWOTクロス分析※①を行ったり、さらにその内容をBSCの戦略マップ※②にまとめたりと活用の方法は多岐にわたります。
※①②詳細2015年発行「3つのフレームワーク」参照。

　ただ、いずれにしてもこの時点ではまだ仮説の段階です。勝手に想像して作ったものなので、お客様にその真偽を確認しなければなりません。上位者との面談では仮説を提示し、それをたたき台としてお客様のニーズや事業に対する考えを聞き出します。そして、その中で優先度の高いものは何かを把握する。強みを伸ばすのか、弱みを克服するのか、それとも競合よりも先に市場を押さえるのか。お客様が何を緊急の課題としているのかをお客様と共有することが、次の案件創出につなげていくために重要です。また、最初の段階ではお客様も皆さんに事業課題のコンサルティングを頼んだ覚えはありませんから、こういった面談の設定や話題の切り出し方にも

いろいろ注意が必要です。この辺はまた後ほどご説明するとして、まずは事業課題から解決策へつなげるための論理構成について先に説明します。

4-3　お客様の課題を解決手段に分解する

ヒラタ　分かりました。では上位者面談によってお客様の優先課題が共有できたら、その後はどうするのですか？

河村　優先課題といっても、この段階ではまだ漠然としていて、自社の商品やサービスによって解決できるかどうかは分からない状態ですよね。解決できなければ、無駄な行為になってしまいます。そこで、その課題に対する解決手段を考えていくのですが、（図10）で示したツリー構造に従って手段1、手段2、手段3というように分解していきます。

ヒラタ　解決手段を分解するのですか？

河村　はい。このとき重要なのは、「モレなく、ダブりなく」というMECEの考え方で分解していくことです。よく「ヒト・モノ・カネ」とか、「質と量」「ハードとソフト」など慣例的に使われてきたものを切り口

とすると分かりやすいですし、先ほどの3Cやマーケティングの4P（Product・Price・Place・Promotion）なんかもそうですね。

(図10) ツリー図による課題（解決手段）の構造化

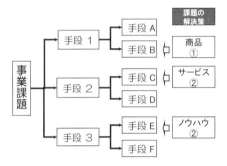

4-4　解決策として何が提供できるかを洗い出す

河村　こうしてだいたい3層くらいまで分解していくと、いくつかの解決手段の中に自社の商品やサービスが貢献できるポイントが見つかってきます。もし見つからなければ、さらに細かく分解してみる。細かくする過程で、これは手伝えそうだなというものが見つ

かる可能性があります。それと、手伝えるものというのは別に売り物でなくても構いません。

(ヒラタ) えっ、売り物でなくてもいい？

(河村) はい。例えば、自社が持っているノウハウで世の中から一定の評価を得ているものはないでしょうか。優れた生産管理の方法や教育制度といったものがあれば、そうしたものも情報提供という形でお客様のビジネスに貢献できるのです。自社の売り上げには直接結び付きませんが、長い目で見れば重要アカウントとの信頼関係を深めていくことに役立ち、大きなビジネスの機会を得ることにもつながります。

(ヒラタ) そうすると、解決策として提供できるものは、商品・サービスと情報の二種類があるということですね。

(河村) 企業が持つ組織的能力をケイパビリティーと呼びますが、商品以外に提供できる価値は何かというのを洗い出し、解決手順に沿って「自社のケイパビリティーマップ」（図11）として整理しておくと有効ですね。

　さて解決策として自社が手伝えるものを見つけたら、同じ面談相手に対して再度アポを取ります。そしてお客様の課題を分析して解決策が見つかったこ

と、その中で自社がお手伝いできる分野があるということを伝えます。このとき「商品を買ってください」と売り手の要望を押し出すのではなく、お客様の事業の理解者として振る舞い、お客様から「ウチのことをよく調べてきてくれている」「ウチのために汗をかいてくれている」と思われることが大切です。

(図11) 自社のケイパビリティーマップ

ヒラタ　信頼されるということですね。

河村　以上お話したことは、弊社が提供しているMFCV (Marketing Focused on Customer's Values) というプログラムの内容です。ご関心があれば、また詳しくご紹介します。(図12)

第4章【提案創出】お客様の事業課題から提案を創出する

(図12) 事業課題よりアプローチし案件創出と関係構築を進める活動の全体像

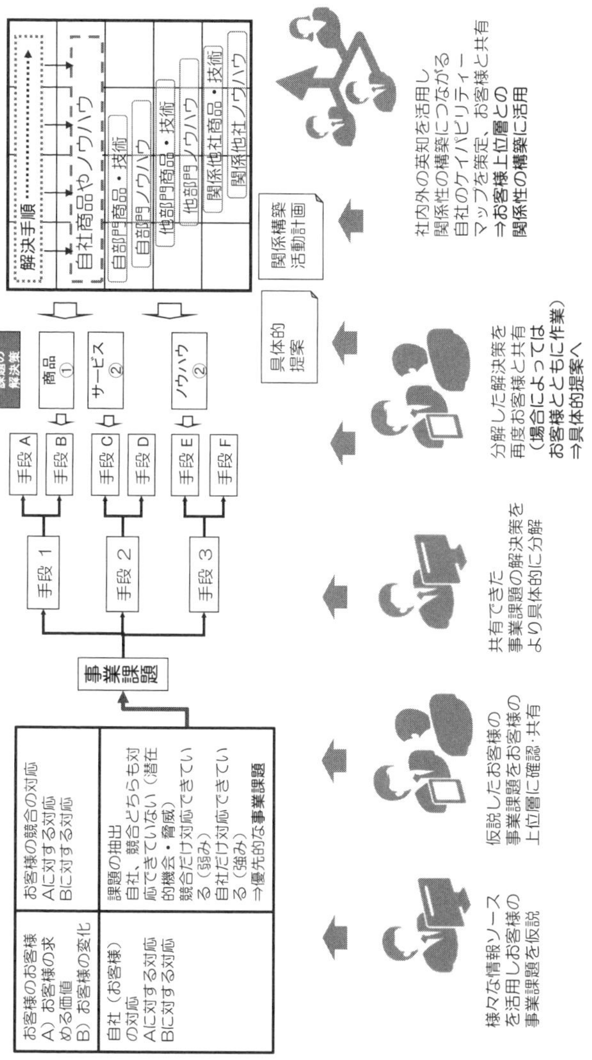

81

4-5　上位者面談を有意義なものとするには？

ヒラタ　ところで話が前後しますが、ウチの会社でも組織対組織の関係づくりということで、定期的に上位者との面談交流の場を設けているんです。だいたい部長を同行させるか、場合によっては役員クラスを連れて行くこともあるのですが、型どおりのあいさつに終わってしまうことが多くて。せっかく上位者同士が会える機会なので、もっと実りのある面談にしたいと思っているんですが。

河村　あいさつだけで終わってしまうのは確かにもったいないですね。上位者面談はお客様の事業戦略や経営層の考えを聞けるだけでなく、経営層に「ウチはこんなこともできるんですよ」と自社のことを知ってもらうチャンスでもあります。

　上位者面談をあいさつだけで終わらせたくないということですが、ここで、これまで説明してきた事業課題の共有から入るアプローチを試してみます。まず、アポを取るときに事前に訪問の目的を先方に伝えておくのがいいと思います。例えばですが、「弊

社ではお客様理解の活動に取り組んでいます。御社の事業についても我々の理解をまとめたので、ぜひその評価をしていただけないでしょうか」という具合に。その上で先ほども説明した3Cモデルで仮説した事業課題をお見せするとよいと思います。

ヒラタ　なるほど、あらかじめ目的を明確にしておくと、お客様に対しても無駄な時間を取らせることがなくなりますね。

河村　新規開拓営業では自社にブランド力がないと少し難しいですが、少なくとも既存取引のあるお客様であれば、自分たちの事業に関する話と聞いて関心を持たないはずはありません。特にそうした組織対組織の関係づくりをしている取引先企業というのは、お客様にとっても重要な外部協力企業です。協力企業の目を通した自社の課題や強みというのは、事業の成長を考えている上位の幹部からすれば気になるもの。「そこはちょっと違うよ」「実はこの戦略にはこういう狙いがあって」と話が止まらなくなって、15分の予定だった面談が1時間になっていた、ということもよくあります。

ヒラタ　お客様からそこまで情報を開示してもらえたら、営

業冥利に尽きるだろうなあ。

河村 ただし、このとき気を付けてほしいのは、お客様の事業に対して「分析」や「診断」という言葉を使わないこと。お客様の方からコンサルティングを頼まれたわけではなく、あくまでこちらが勝手にやっていることですので、それにふさわしい態度を心掛けなければいけません。

ヒラタ 恩着せがましくなく、さりとてへりくだりすぎず……。パートナーとして認めてもらうのが一番ですね。

河村 上位者同士の面談は双方にとって最高のカードです。上位層との接点をつくっておけば、現場の担当者が変わっても関係を継続できる。そして戦略や経営課題を共有し、自社に対するお客様の「認知を変える」ことで、長期的に信頼されるパートナーへとなっていくわけです。この「認知を変える」という話については、また別の機会を設けてご説明しますね。

ヒラタ 分かりました。楽しみにしています。

河村 今回は現場レベルの顕在化したニーズからではなく、より上流の事業課題や潜在的ニーズから案件創出の

糸口をつかむ方法についてお話ししました。どうでしょう？　ここまでの手順が明確に見えてくれば、成熟市場であっても特定のお客様との取引拡大ができそうな気になりませんか？

ヒラタ　そうですね。河村さんがおっしゃる通り、無理な話ではないと思えてきました。

河村　それは良かった。次回は解決策を提案し、さらにその精度を高めて商談につなげていくための面談スキルに焦点を当てます。これまで以上に関わるプレイヤーが増え、活動も複線的になっていきますので、話としては面白いと思いますよ。

第5章【案件化】
質の高い面談により提案（ニーズ）を共有し案件化する

5-1 ニーズを正確に理解する
5-2 プレイヤーの役割を整理する
5-3 個人的関心事や事情に焦点を当てた面談プランを立てる
5-4 行動コミットメント（約束）を獲得する
5-5 思考を促し、納得を得る「ワークショップ型面談」とは

5-1 ニーズを正確に理解する

河村 前回は3Cモデルを使ってお客様の事業課題を把握し、そこからツリー分解によって自社が提供できる解決策を見つけ出すというところまで話しました。今回はその解決策からどのようにして商談を発生させていくかを説明します。

ヒラタ お客様の事業課題が分かった。その解決策として自社が何を提供できるかも分かった。次はそれを提案し、お客様に買ってもらうための働き掛けをする、ということですか?

河村 それはその通りなのですが、ただ提案すればいいという単純な話ではなくて。今回の話で一番重要なことは、ニーズを正確に把握することなんです。

ヒラタ ニーズの正確な把握? ええと、お客様の事業課題もニーズですよね。それとは違うニーズということですか?

河村 事業課題というのは最上流のニーズです。もちろん、こういった経営層と事業課題について共有した結果「直ちにこの課題を解決しろ」という感じで現場に強

く指示が出された場合はすぐ提案できるかもしれません が、多くの日本企業ではツリー分解によって細分化された解決策は現場の起案事項の範疇になります。案件創出のためには投資をする立場にいる経営層の考えを理解する必要がありますが、まだこの段階では投資のきっかけ情報をつかんだにすぎません。その上流ニーズから導き出された解決策を、今度は案件として現場の担当者に提案していくことになる。ところが現場には事業課題とはまた別の、現場なりの事業活動からくる課題や問題意識があって、いきなり「解決策はこれですよ」と持っていっても全然響かないわけです。ですから、提案の前にまず起案する側の現場の考えを聞いてニーズを把握しなければなりません。よく営業の世界では経営者等の上位者と関係を築くことが必須とされていますが、具体的に"案件を創出"させることが目的の場合はそれだけでは不十分で、起案する側の現場と「課題意識をつなげる」という活動が必要になります。

ヒラタ 経営層が考えるニーズと現場が抱えているニーズは違う。そのギャップを埋めないことには商談化できないということですか？

河村　そういうことです。良い機会なのでニーズについてもう少し深く考えてみましょう。そもそもニーズとは何なのか。

ヒラタ　おおっ、なんだかすごいことになってきましたね、お願いします。

河村　例えば、お客様から「使っている機械が遅くて困っている。もっと速くならないか」と言われたとします。ヒラタさんならどうしますか？

ヒラタ　より高速で性能の良い機種への買い換えを提案します。

河村　それはどうしてですか？

ヒラタ　機械の処理速度を上げることがお客様のニーズだから、ではないですか？

河村　なるほど。でもそれは真のニーズでしょうか？

ヒラタ　えっ、それはどういう意味ですか？

河村　「機械が遅い」というのは単に困り事の一つであって、さまつな事象かもしれない。それに対して高速機種への入れ換えをすれば解決すると考えるのは早計ではないかということです。つまり、お客様が本当に解決したいニーズは「機械の速度を上げる」ことなのか。そもそもお客様が言葉で要求したことだ

けがニーズなのか。その要求を発生させている原因やその人の置かれた状況なども踏まえてニーズを捉えないと真のニーズを理解したことにならない、というのが私の考えです。

ヒラタ となると、「速い機械に換える」というのは表層的なニーズしかつかめていないということになりますね。

河村 はい。それを分かりやすく表現したのが図13です。ニーズ全体を一つの氷山とすると、海の上に出ている部分が顕在ニーズ、海の下に隠れている部分が裏のニーズであり本当に解決されなければいけない原因、そして海がそれを発生させている状況や背景となります。

（図13）お客様ニーズの構造

さっきの例で説明してみましょう。まず「使っている機械が遅い」から「速度を上げたい」というのが顕在ニーズです。ではなぜ遅くなるのか。もしかしたら機械速度の問題ではなく、ラインの設計ミスで機械同士のつなぎが悪いのかもしれない。あるいは使用者が熟練していないため適切な操作がなされていないのかもしれない。そうすると、解決しなければならない裏のニーズは機械の最適配置だったり、操作マニュアルの整備だったりするわけです。

　では、お客様はなぜ速い機械を望むのか。それによって生産性を上げたいと考えているのかもしれない。しかし、一つの機械の処理速度を上げたところで全体の生産性は上がりません。お客様の要求に反射的に飛びついたりしたら、間違った解決策を提案することにもなりかねないのです。

ヒラタ　真のニーズか……。今の説明ですごくふに落ちました。ところで、氷山の横に書かれた「無関心・不満」というのは何を意味するのですか？

河村　解決すべき問題があるのに相手がニーズとして意識していない状態、あるいはこちらが提供している情報に何らかの不満を持っている状態です。この状態

第5章【案件化】質の高い面談により提案（ニーズ）を共有し案件化する

にあると、単に案件の提案をしても商談に結び付けるのが困難になります。まずは面談を通じて無関心を取り除くこと、次に情報交換を重ね、相手のニーズ全体を正確に理解すること。これを「ニーズの相互認識」と言い商談のスタートラインとなります。その後、適切な情報提供を行い、不満を解消し、案件化に向けた合意へと面談を進めていくのです。

　なお、相手のニーズを正確につかみ、商談を適切かつ円滑に進めるための面談スキルですが、弊社ではPSS（Professional Selling Skill s）というプログラムで提供しています。

5-2　プレイヤーの役割を整理する

ヒラタ　ニーズの相互認識で、その対象となる相手というのは現場の担当者のことですか？

河村　いえ、その取引に関わる全ての関係者です。別の言い方をすると、購買に向けた意思決定において前向きに動いてもらわなければならないプレイヤーです。

ヒラタ　ということは、その関係者一人ひとりに対してニー

ズを把握するということになりますか。なんだか大変そうだなあ。

河村　一人ひとりと言っても、意思決定に関わる上でいくつかの役割に分けられます。そこでプレイヤーの役割を整理していきましょう。まず一番影響力を持つのが、経済的取引影響者です。最終的な意思決定者であり、要はお金を払う決断を下す人ですね。

ヒラタ　それは社長ということですか？

河村　必ずしも役職で決まるわけではありません。事業本部長で済む場合もあれば、小さい案件なら現場で決裁できる場合もあるでしょう。その案件に関して決裁権を持ち、その人が首を縦に振らない限り、商談成約に至らないという立場にあるキーマン中のキーマンですね。

ヒラタ　分かりました。

河村　次は専門的取引影響者。専門的な立場から購入商品の良しあしを判断する影響者、いわゆる専門的アドバイザーですね。機械系だったら技術者や技術部長、あるいは別の部署にも詳しい人がいるかもしれません。

　それに対して、実際に製品を使用する立場から意

見を言うのがユーザー的取引影響者です。一般的に専門的アドバイザーはスペックへの関心が強いけれど、ユーザーは使いやすさや壊れにくさを気にする傾向があります。またユーザーの特徴として、何を基準に選ぶかとなったとき、使い慣れたやり方を変えたくないという心理的バイアスがかかることがある。その点でも、専門的アドバイザーとは違うアプローチをする必要があるんですよ。

ヒラタ ある製品の入札で他社と競っているとき、ウチの方が性能では勝っていたんですが、お客様がやっぱり操作性が変わるのがイヤだという理由で競り負けたことがありました。

河村 既存取引のある業者との関係は強いですからね。あるいは買うのをやめて、今までのものを使い続けるという判断に至ることだってあります。最終決定者ほどの影響力はないとしても、ユーザーの思惑や気持ちというのは購買プロセスを結構左右したりするので、きちんと対応しなければなりません。

　そして最後がコーチ、いわゆる情報提供者です。購買に対して直接的な影響力がない場合でも、今はどこの会社が優勢だとか、次はこの人にアポを取っ

た方がいいとか、自社に有益な情報を教えてくれたりします。

ヒラタ　主要プレイヤーの役割というのは、以上の4つですか？

河村　そうですね。ただ経済的取引影響者以外は一つの役割で何人かいる場合があるでしょうし、一人が複数の役割を兼ねることもあるでしょう。重要なのは、その案件に対して誰がどの役割にあってどれほどの影響力があるかを明確にすることです。

5-3　個人的関心事や事情に焦点を当てた面談プランを立てる

ヒラタ　プレイヤーと役割が明確になったところで、今度はその人たちのニーズを把握するわけですね。

河村　そうです。そのプレイヤーたちに購買行動を起こしてもらうように働きかけないといけない。そこでそのための面談の準備をします。

ヒラタ　何を準備するのですか？

河村　先ほども話したように、組織としての事業課題と個

人が現場で抱える課題というのは別の話です。例えばユーザーであれば、上層部からこの製品を購入することが課題解決のために必要だと言われても、使い勝手を変えたくないと言って反対行動に出るかもしれない。そうした場合に、その人なりの思いや感情に沿った説明の仕方で提案していかないと、購買に対して前向きに動いてくれませんよね。その人が何を気にかけているのか、組織の中でどういう立場にあるのか、あるいはどのような役割を与えられているのか。ニーズというよりも、もう少し個人的な関心事や事情に焦点を当てていく必要があるというわけです。

ヒラタ　個人的な関心事や事情……。

河村　はい。そこで面談の前に取引影響者の視点から見た面談目的をあらかじめ設定しておきます。

ヒラタ　面談目的を設定するというのは？

河村　その人にとって面談がどのような意味を持っているのかという、面談の価値を提示できるようにすることです。もちろんそれは仮説でいいのですが、その仮説に対して信頼性がどれくらいあるのかを併せて検証しておくことも必要です。例えば、増産計画が

あるという事業部の製造担当者に面談を申し込むとします。では、その増産計画という情報を裏付ける証拠はあるのか。社長から具体的指示が出ていれば信頼性は高いですよね。であれば、面談では増産計画を前提として話を進めていけばいい。逆に確証がなければ、他から情報を入手するか、もしくは質問で引き出さなければならない。いずれにしても情報の信頼性によって面談プランが変わるわけです。

ヒラタ　面談ではどのような情報を引き出すのですか？

河村　まず仮説も含めた自分が持っている情報に食い違いがないかという確認です。それをベースに新しい情報を引き出していく。その人が抱える課題や関心事、それから感情などですね。

ヒラタ　感情というのは？

河村　あえて言うのなら引っ掛かりですよね。言葉には出さないけれど、なんとなく面白くないと思っているとか、気持ちが乗っていないとか。そうした感情的な要素も行動や選択の前提となるので、質問で引き出すようにする。とにかくあらゆる状況を想定して面談に臨めるように準備します。

　さらに、面談には情報収集だけでなく、情報提供

という側面もあります。相手にとって自分はどのような強みを持っているか。例えば、その人が周囲からの評価を気にする人であれば、過去の実績や具体的なデータを提示できるかどうか。ここでも、相手の個人的関心事や事情に訴えかけられる強みとそれを提示できる証拠を用意しておく必要があります。

ヒラタ いろいろな状況を想定してプランを立てる……。話を聞いていると、以前にも増して面談の重みを感じます。

河村 もちろん一回の面談に対して高い完成度を求めるものではありません。何度も面談を重ねることで不確定な情報を固めていくわけです。内容の精度が上がれば、影響者を購買行動に向けて動かすためにどうアプローチすればいいかが一層明確になり、商談化し成約へと近づくことができます。

5-4 行動コミットメント（約束）を獲得する

ヒラタ 面談ではどこまで話を詰めればいいのですか？

河村 それは重要な質問です。実は面談で何を勝ち取るの

かということも事前に行動コミットメント（約束）として設定します。つまり、最も望ましいコミットメントは何か、そして最低限受容可能なコミットメントは何かという形で考えておくわけですね。また、そのコミットメントを引き出すためのクロージングの質問も用意しておきます。

ヒラタ　それは面談の最後に交わす合意ということですか？

河村　まあ、そうですね。面談で思うような結果が得られずに「はあ……」と落胆して帰ってくるのではなく、ここまで理解してもらえればなんとか次につながるという合意。それが最低限受容可能なコミットメントです。

ヒラタ　「検討します」という言葉はどう判断すればいいんでしょうか？

河村　私たちの間では、ほとんど意味のない言葉だと判断しています。どちらかというと、お断りの文句ですね。ただし、「○○までに検討します」「○○について○○するために検討します」と具体的な文言が出てきた場合はちょっと違います。

ヒラタ　前向きに受け止めていいということですか？

河村　ええ。あるいは「連絡します」「検討します」という

類いの言葉に対しては、こちらから「いつまでに返事を聞かせてもらえますか」「途中経過を伺いに来てもよろしいですか」と一押しするのも手ですね。

　それともう一つ、それを克服しなければ意思決定に至らないという根本問題というものがあります。例えば予算超過などはまさにそうですね。性能は譲れない、だけど利益にもこだわるといった場合、どうするのか。予算を他から調達するのか、他に何か手を打つのか。根本問題についてもそうした施策を想定した質問を用意しておきます。

ヒラタ　全てにおいて事前に予測し、それについて質問をぶつけ、確認を取る。そうした手順でプランが構成されているわけですね。

河村　その通りです。ですから、推測レベルの情報や確認できていない情報と確認済みの情報を区別するためにマーキングをしておく必要がありますね。

　以上お話ししたのは、個人的関心事と事情（コンセプト）を引き出し、効果的な面談を進めるためのCS（Conceptual Selling）というプログラムの内容です。これも先に説明したPSSのアドバンス版として弊社で提供しています。

5-5 思考を促し、納得を得る
　　「ワークショップ型面談」とは

ヒラタ　しかし、これだけ綿密に準備する以上は、しっかりと成果を上げたいですよね。ここ一番の面談を成功させるためのコツというか、効果的な話し方は何かないですか？

河村　ありますよ。何よりも重要なのはお客様を「説得しない」ことですね。

ヒラタ　説得しない？　それはどういうことですか？

河村　熱心で真面目なセールスほどありがちなのですが、これが善かれとばかりにお客様に一生懸命に説明して理解を得ようとします。でもそれは逆効果。お客様からすると、一方的に話を聞かされているように感じて、まったく腹に落ちてこないわけです。

ヒラタ　つまり、相手が納得しないまま話を進めてしまうと。

河村　はい。当たり前ですが、人は思考することによって理解が深まるし、記憶にも残ります。要するに相手に考えさせること、もっと言えば自分で考えた結果としてその結論に行き着いたと思わせることが大事

なんです。

ヒラタ ほほう。具体的にはどうすればいいんですか？

河村 議論の進め方には二つあります。一つは最初にテーマや論点を提示し、それに沿って論理的に話を展開していくやり方。もう一つは自由な発想の中で対話をしながらテーマを絞り込み、結論を出していくというやり方です。お客様との面談では、どちらかというと後者が望ましい。すなわち、現状を互いに共有し、対話によって思考を発散させながらアイデアを生み出し、その中から最善策を選んでいくという双方向的なやり方です。私はこれを「ワークショップ型面談」と呼んでいます。

ヒラタ なるほど、ワークショップ的なアプローチで話を進めていけば、お客様が自分で考えて結論を出したと思えるわけですね。

河村 その通りです。もちろんそうなるように話を持っていくことが必要ですが、その方がお客様に納得してもらえるし、一緒に結論にたどり着く手伝いをしてもらったということで感謝されたりします。

　それと効果的な話法ということで言えば、拡大型の質問と限定型の質問をうまく使い分けることです

ね。

ヒラタ 拡大型の質問と限定型の質問？

河村 例えば「これについてどう思いますか？」などのような相手に自由に答えさせるのが拡大型の質問、「これは合っていますか？」といった「はい」「いいえ」で答えさせるのが限定型の質問です。先ほどのワークショップ型面談では、ニーズを引き出すような場面では主に拡大型の質問を投げ掛け、情報を絞り込み結論に導いていくときには限定型の質問を使っていくといいかもしれません。

　また、面談の途中でお客様が黙っているときに下手に口を挟まないということも重要ですね。

ヒラタ ああ、それはよく分かります。私も新人の頃、沈黙が怖くて矢継ぎ早に質問してお客様から怒られたことがありました。セールスにありがちな失敗ですね。

河村 相手が沈黙している間というのは、ゴールデンサイレンスという言葉があるくらいで、頭の中を整理して物事をきちんと理解するためにすごく貴重な時間なのです。それを待てずに質問を畳み掛けたり、余計なコメントを付け加えたりしたら、お客様の思考を邪魔してしまいます。お客様が考えている時間を

尊重し、一呼吸置いてから話すようにするといいですね。

　さて、次回は商談の成約に向けた仕上げのプロセスに入っていきます。契約を確実に取るために面談プランをさらに充実させ、進度と確度という二つの尺度で商談管理を行う方法について解説します。

第6章【成約】
商談を的確にマネジメントし、成約する

6-1　プレイヤー情報の再整理を行う
6-2　強み・弱みを踏まえて活動オプションを考える
6-3　確度の観点から受注予測をする
6-4　受注までの商談プロセスを管理する
6-5　目的を明確にしてミーティングの質を上げる

6-1 プレイヤー情報の再整理を行う

河村 前回はアプローチから商談(案件)を生むための面談スキルとして、取引影響者の「個人的関心事や事情(コンセプト)」を軸にどのようにアプローチしていくかについて説明しました。今回はそれによって発生した商談をいかに契約というゴールまで持っていくかという話です。

ヒラタ いよいよ大詰めの段階というわけですね。でも「商談の発生」と言いますが、何をもってそのように認識するのですか?

河村 取引影響者のうちコーチ以外のプレイヤーの誰かが購買に向けて動き出したとき、あるいはその検討を始めたときですね。ここからは、提案した解決策を決定にまで持ち込むことと、自社を選んでもらうことの二つの目的を目指して商談を詰めていくことになります。

ヒラタ 商談を詰めていく……。具体的には何をするのですか?

河村 まず前回の面談プランで行ったプレイヤー情報の整

理をあらためて行います。契約を取るまでに関わる取引影響者が他にもいないかすべて洗い出し、今回はその役割を特定するだけでなく、「影響力の度合」や「ニーズに対する切迫度」、「取引影響者にとっての満足と成果」などの観点からさらに綿密にプレイヤー情報を整理していきます。コンプレックスセリングの場合、契約に影響を及ぼすあらゆる要素を把握した上で包括的に商談管理をしていく必要があるんですよ。

ヒラタ　なんだか難しそうですね。

河村　一つひとつクリアにしていきましょう。まず影響力の度合は、契約の決定に与える影響力の大きさです。私たちは高・中・低の3段階で定性的に判断するようにしています。例えば経済的取引影響者は最終的な決定権を持つので影響力の度合はおのずと高くなりますね。

　次は変化に対する切迫度。取引影響者が変化への必然性をどれだけ強く感じているかということです。私たちは「モード」という言い方をしていて、「成長型」「現状維持型」「トラブル型」「自信過剰型」の四つの類型に分けています。

ヒラタ　それはどういった尺度で分けているのですか？

河村　現状に対する認識と成長意欲の二つの尺度です。「成長型」と「トラブル型」はどちらも成長意欲が高いけれども、現状認識において「トラブル型」は目指すレベルよりも極端に低いと見ている、つまり現状に大きな問題を感じているため、「成長型」よりも変化に対する切迫度が高いと考えられます。逆に「現状維持型」と「自信過剰型」は成長意欲が低く、また現状にもあまり問題を感じていないので切迫度は低いということになります。

ヒラタ　変化への切迫度が高いほど、購買に向けて積極的に動いてくれる可能性が高いということですか？

河村　そうなりますね。その次が「取引影響者にとっての満足と成果」です。これは、前回の面談プランで説明した、組織としての事業課題と取引影響者の個人的関心事との関係に対応しています。つまり、ビジネス上の課題が達成されたときに得られる成果と、取引影響者が得るであろう満足がどのように結びつくか。簡単に言えば、組織の成果がもたらす影響者の個人的満足が何なのかを明確にしておくということです。

- ヒラタ 例えばですが、「生産機械を購入することで生産効率を向上させる」というのが組織の成果で、それによって購入部門の部門長が得るであろう満足が「社長や周囲から評価される」ということになりますか？
- 河村 そういう理解でいいと思います。それを仮説として用意しておくことですね。さらに付け足すとすれば、「影響力の度合」「変化に対する切迫度」「取引影響者にとっての満足と成果」という観点からプレイヤー情報を整理した上で、それに対して「自社がどれだけ対応できているか」ということを商談プロセスの中で現状分析をしていくことも重要です。

6-2 強み・弱みを踏まえて活動オプションを考える

- ヒラタ プレイヤー情報の再整理の次は何をするのですか？
- 河村 今度は商談を契約に導くために有効な活動プランを考えていきます。その前にその商談に対して現状ではどんな強みがあるか、逆に弱みがあるとしたら何か、ということを整理する必要があります。例えば、「社長に明確な購入意思がある」「上位層とのつなが

りがあり、今までの取り組みを評価してもらっている」「コーチがつくれている」というのは強みですよね。一方、弱みになるものと言えば、「当初の予算を大幅に超えている」「重要な取引影響者に関する情報が不足している」「影響力のある担当者が課題の重要性をまだ認識しきれていない」などがあります。ちなみに、私たちは商談の不確実性あるいは基礎固めができていないという意味で弱みを「レッドフラッグ」と言い換えたりしています。

ヒラタ　その強みと弱み、もしくはレッドフラッグを踏まえた上で活動プランを立てるということですね。

河村　はい。もう少し付け加えると、強みに対する対処の仕方として「活用する」、または「伸ばす」という方法がある。弱みに対しては「取り除く」、または「最小化する」という方法がある。そうした方向性を踏まえて、取り得る活動オプションとして何があるかを考えていくということになります。

　例えば、「当初の予算を大幅に超えている」という弱みに対して、ヒラタさんはどんな活動オプションを考えますか？

ヒラタ　予算オーバーは明らかに商談の障害なので取り除か

ないといけない。なので、「再度掛け合って予算追加をお願いする」ということになりますかね。

河村　それでもいいのですが、例えば「社長に明確な購入意思がある」という強みがあれば、それをテコにして「社長に予算増額の提案をする」という手もありますね。

ヒラタ　そうか、強みを活かして弱みを取り除くというわけですね。

河村　基本的には強みは活用する、弱みは克服するという考え方でいいと思います。要するに強み/弱みを踏まえて対応をどうするかという観点から、活動オプションを可能な限り洗い出しておくことが重要だということです。

6-3　確度の観点から受注予測をする

ヒラタ　先ほどのプレイヤー情報の分析や評価、それから強み/弱みの整理と活動オプション出し……。商談を契約まで持っていくためには、ここまできっちりと細かく詰めていかないといけないんですね。

河村　ところが、どれだけ手を尽くしても絶対に契約が取れると確約できないのが営業の世界なんですよ。ヒラタさんもご経験があると思いますが、途中までいい感じで商談が進んでいたのに、最後の最後になって結局ダメでしたということってあるでしょう？

ヒラタ　そりゃもう何度もありますよ、最終プレゼンまで行って競合にひっくり返されたりとか。そのたびに悔しい思いをしましたけどね。

河村　今まで説明してきたのは、契約というゴールを目指して提案活動をどのように進めていくかという話でした。しかし商談が進んでいっても、それだけで受注確率が上がるわけではありません。なぜかというと、今ヒラタさんがおっしゃったように、一つは競合の存在があるからなんです。

　ところでヒラタさんは商談管理をするとき、進度と確度について意識されていますか？

ヒラタ　進度と確度ですか？　進度については部下から報告を受けていますが、確度に関しては特にこれといった管理はしていませんね。どうやって管理するのかも分からないし。

河村　では、図14を見ていただきましょうか。これはセー

第6章【成約】商談を的確にマネジメントし、成約する

(図14) セールスファネル

ルスファネルといって、一般的には見込み客管理のツールとして使っているものですが、確度という観点から商談の進度を判断するために活用することもできます。ちょうどファネル（じょうごによって見込み客が有望見込み客、顧客へと絞り込まれていくのと同じように、受注確度が高い案件であるほど下に落ちていくというイメージです。商談が今ファネルのどの位置にあるかを判断し、今後何をしていくのかを具体的に考えるためにセールスファネルを使

います。

ヒラタ そのファネルの位置というか、確度というのは何によって決まるのですか？

河村 商談に関わる不確定要素が多いと、受注確度はそれだけ低くなります。先ほども話したように、例えば最終プレゼンでも競合と一騎打ちの状態であれば、確度は半々となりますよね。逆に商談がまだ初期段階にあっても、最終意思決定者が自社を強く押してくれていて十中八九決まるというときは、進度は低いけれども確度は高いということになります。

　また、進度というのはお客様の購買意思があれば進んでいくのですが、競合から購入する以外にも、内部のリソースを使うとか、他の目的に予算を使うとか、あるいは何もしないという判断をしてお客様が購入をやめてしまうこともあり得る。意思決定者を押さえられていないと、そうなるわけですね。

ヒラタ とはいっても、それは予測できないですよね。対処するにはどうすればいいんですか？

河村 基本的には不確定要素を減らしていくしかありません。そのためにはまず現状を把握します。競合は何社いるのか、どの会社が優位でどのような状態で進

めているのか。あるいは、お客様のタイミングとして購買の必然性があるのか、いつでもいいのか。そうした情報を整理した上で、強みを活用し、弱みは排除または最小化するという方法で対応します。

6-4　受注までの商談プロセスを管理する

ヒラタ　要するに商談管理というのは進度と確度の両面から行う必要があるということですね。

河村　その通りです。進度と確度について理解していただいたところで、受注を勝ち取るまでの活動プロセスをどのように管理していくかについて説明しましょう。

　これまで商談に関わる関係者との面談を通じて、それぞれのニーズや関心事について仮説を立て、その仮説に基づいて何をすべきかについて時系列的に説明してきました。こうした活動プロセスを可視化し、チームで共有するためのフレームワークとして、CRP（Customer Relationship Process）マップを使います。図15はCRPマップの一例ですが、「事前準

(図15) CRP (Customer Relationship Process) マップ

営業プロセス	事前準備	興味喚起	課題共有	提案	決定促進	構築納入	効果検証
定義	定期的なフォロー活動を通じて、お客さまに自社が提供できる価値と情報を継続的に提供しつつ、お客さまからの相談相手として関係を築き、次回商談のきっかけをお互いに作っておく	お客さまの課題認識マップにない自社ソリューションで、お客さまの潜在的な課題と対応するソリューションを紹介することで、自社と具体的に相談することに価値があると思っていただく	お客さまの課題に自社が貢献できる解決方法について情報を共有することで、相互に課題を共有することにより、お客さまからの信頼・相談相手にしてもらい、提案する実現可能な価値に共感をいただく	お客さまの課題を解決するための手段として提案し、お客さまのビジネスに関する各部門合意を得、自社と設計実施することでお客さまにとってのメリットの確認と、購入・導入を協議いただき、購入・導入の意思をご表明いただく	課題解決策として提案した製品・サービスについて、名実ともに合意いただき、お客さまの決裁の合意プロセスを通じて、お客さまからの正式な発注をいただく	正式に取り交わした契約に基づく製品・サービスの調達やサービスの導入運用を実施するなかで、各合意された改善要因を確認しながら、お客さまが満足いただくようにより、自社が価値を提供できる企業として評価いただく	製品・サービス・製品・サービスの購入・運用効果をお客さまに確認いただき、お客さまの満足度をさらに高めていくことができるよう、自社が価値を提供できる企業として認めていただく
ゴール	次回面談の材料を自社から提案できることで次のアプローチのきっかけを作っておく	お客さまの課題に焦点を当てた、具体的商談ストーリーのきっかけを得る	提案実施の合意を得る	プレゼンテーション、実施する（提案書を提出する）	実施、正式な発注をいただく	納入し、定着させる	取引継続の意思を持っていただく
お客さまの期待	・定期的にフォローに来て欲しい ・有効なツールによる情報提供を（e-mail） ・私たちのことや業界に関する情報をもっと欲しい（ホームページ等） ・関連部門を理解して共有してください	・事例を教えて欲しい（他社、FX） ・私たちのことや業務に関連する情報を欲しい ・課題解決のソリューションを教えて欲しい ・自社の事例を教えて欲しい	・事例を教えて欲しい（他社、FX） ・課題解決の方向性について欲しい ・プロジェクト化のソリューションを教えて欲しい ・関連部門の関連者と会い、課題の共有をして欲しい	・具体的な提案を欲しい ・定量効果 ・わかりやすい方向性 ・デモやサンプルを示しつつメリット・デメリットを教えて欲しい	・上席を招待して欲しい、正式な発注をしたい ・社内の説明協力をして欲しい ・投資対効果の資料を作成して欲しい ・TOPセッションをやってもらいたい	・導入スケジュールをきちんと守って欲しい ・設置までの必要情報を教えて欲しい ・設置後のゴミを持ち帰って欲しい	・継続的にフォローして欲しい ・教育を実施して欲しい ・効果レビューして欲しい ・バージョンアップやステップアップの提案をして欲しい ・運用ノウハウの提供をして欲しい
期待に応える主要な活動	定期フォロー／信頼関係を構築するために ・パーソナルコール ・定期メール ・訪問 要求・依頼対応 ・受理する ・対応する ・関連部門へアサインして対応する	情報を提供する ・潜在ニーズを顕在化させるためのイベントを実施 ・顕在ニーズを案件化せず関連先の実施 ・フェア、セミナー勧誘 ・同業他社ソリューション、新規ソリューションの案内	営業活動を実施する	課題共有を実施する ・仮説をぶつける 1. 真の課題を教えてもらう 2. 確実の反応を知る 3. 事実を確認する 4. 提案イメージを示す	提案を実施する ・提案内容ドキュメント化して具体的な様子を提示するため ・案件プロジェクト内に提案内容を検討する ・提案書内容の様子を収集	受注条件を成立する ・受注に必要な項目を正確に把握しておくことで、商談を成立に進めるため ・見積書、契約書の内容を見直す ・顧客調整の有無を確認し準備項目をアウトプット ・提案書のサマリを確認 ・提案書を実施	決まったことを伝える ・受注確定後のステップ、納期確認フロー ・トップセッション ・他セクション決済 ・管理、要求、決済部門	導入システムの稼働準備 ・スケジュールに沿って工程に納期どおりに工程設置を進めるため ・導入スケジュールを実施できる体制を実施する ・据置集置の設置調整即決定する（スケジュール、人員）	製品を稼動する	導入の実施を実現する ・継続的取引を実現するために、効果を実施し、自社として効果を理解してもらうため ・効果レビューの実施及び加盟者にフィードバック ・運用アンケート回収 ・推進者へのレビューを実施する

備」「興味喚起」「課題共有」「提案」といった活動フェーズごとに、その「定義」や目指す「ゴール」「お客様の期待」「主要な活動内容」をまとめます。

ヒラタ　なんだかずいぶんとざっくりまとめられているんですね。

河村　はい。CRPマップは、営業担当者とマネジャーが受注という目的地を目指すための地図と考えてください。ですから、基本的な要素が網羅されていれば十分です。例えば、「お客様の期待」というのは、特定のお客様のだけが期待することではなく、あくまでも標準的な期待ということになります。

　CRPマップによって活動プロセスが可視化できたら、今度は個別案件の攻略シナリオをつくります。ここで重要なポイントは、マイルストーンをどう設定していくかということです。

ヒラタ　マイルストーンというのは？

河村　受注に至るまでの通過点という意味で、営業活動の促進を図るとともに、商談がどこまで進んだかを確認するための尺度です。マイルストーンには、三つの要件があります。第一に実施したかが客観的にわかること、第二にお客様の同意を得ていること、第

三に案件進捗の判断基準として意味があることです。例えば「見積書を提出する」というマイルストーンを設定した場合、お客様から依頼されたものではなく、自社側が価格提示のために提出したのでは、要件としてクリアできていないということです。

ヒラタ マイルストーンマイルストーンには達成期日が書かれていますが、これはどのように決めるのですか？

河村 まずゴールである受注予定日を設定し、その日付から逆算して各マイルストーンの達成予定日を設定していきます。例えば、12月25日に受注をもらおうと思ったら、11月15日までには「購買部門からの問い合わせ」が来なければならず、そのためには一カ月前の10月10日に導入部門の部長から「具体的な導入検討指示」が出なければならず、さらにそのためには8月30日に……といった感じで、活動フェーズをさかのぼるようにして各マイルストーンの実施予定日を決めていくわけです。

ヒラタ なるほど、逆算して日付を入れていくのか。各マイルストーンの実施期間の目安というのはあるのですか？

河村 あります。マイルストーンの間隔をリードタイムと

言いますが、その会社の意思決定の順序やスピード、案件タイプなどを勘案して推奨値を設定します。図16がその設定例です。ここでは案件タイプとして期間の長い案件、中くらいの案件、短い案件と三つの設定例を並べていますが、期間が短くなるほどマイルストーンのリードタイムも短く設定しています。

ヒラタ　マイルストーンを実施予定日とともに設定し、活動フェーズを実行していく際、予定日と実施日を見れば、案件の進捗度合いが分かるというわけですね。

河村　その通りです。実際にはマイルストーン設定も含めて攻略シナリオの管理は、SFA/CRMツールを使って一元的に行います。標準的なマイルストーンに関してはそれぞれの推奨リードタイムとともに、あらかじめSFA/CRMに設定しておきます。案件登録の際、案件タイプと最終受注日、現在のフェーズを入力すると、攻略シナリオ管理機能によって受注予定日までのマイルストーンが自動的に設定されるというわけです。

ヒラタ　ほう、それはすごい！　SFAにこんな機能があったなんて知らなかったなあ。

河村　ただし自動設定なので、実情に合わないマイルスト

(図16) 案件タイプ別 "推奨" マイルストーンリードタイム設定例

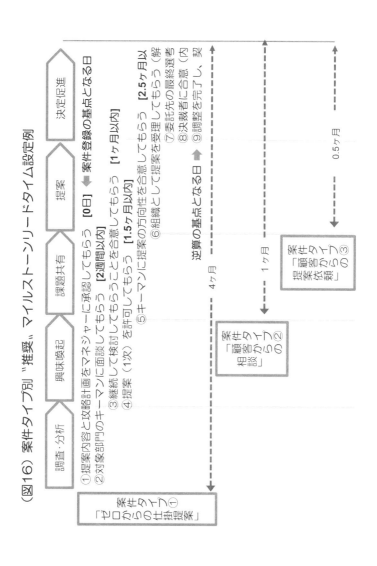

ーンや日付設定が出てきたりします。それに対してはマネジャーの同意を得た上で、担当セールスが修正を行います。SFA/CRMツールの商談管理機能にはもう一つ重要なポイントがあって、確定したマイルストーンが実行されないまま期日が過ぎてしまったり、あるいは期日を変更したりしたとき、マネジャーにそれを知らせるメールが送信されたり、ダッシュボードに表示されることです。

ヒラタ マネジャーが特に何もしなくても、商談の進捗を教えてくれるということですか？

河村 はい。進捗確認だけでなく、そこで部下を呼んで、なぜそのような事態になったのか原因を確認し、対応策を検討することができます。つまり、SFA/CRMツールを活用すれば、案件管理を効率化した上で、担当セールスとマネジャーとのコミュニケーションの機会を仕組みとしてつくり出してくれるわけです。

ヒラタ なんだかうまいことできているなあ。

河村 ここまでは商談の進度管理の話でしたが、確度管理についても説明しましょう。まずセールスファネルの考え方を使って、現時点での案件の確度を担当セールスが定性的に評価します。よくAランク〜Cラ

ンクとか、どちらの会社でもやっていますよね。一方、取引影響者の役割や影響力、モードや自社に対する姿勢、予算、案件の優先度、競合と自社との関係（優位性の比較）など、受注に影響を与えるさまざまな要素がありますが、商談の進度と合わせ、それらをパラメータとした点数計算によって確度の信頼性を導き出すこともできます。図17のような考え方です。このときセールスが定性的に評価した確度と点数計算による確度にズレがあったら、どのように考えますか？

ヒラタ　セールスが判断した評価が間違っているのか、それとも数値計算が適正でないのか、どちらかということになりますね。

河村　はい。それを確認するためにマネジャーとセールスが話し合うわけです。そこでセールスの判断が妥当なものだと理解できれば、標準的な点数計算の条件設定が、その案件固有の実情を反映していないということになる。こうしたファネル管理もマイルストーン管理と同様にSFA/CRMに設定し、異常値が検出されると、マネジャーにメールが送信されたり、ダッシュボードに表示される仕組みになっています。

第6章【成約】商談を的確にマネジメントし、成約する

(図17)進捗×要素による確度信頼性の考え方

| 事前準備 | 興味喚起
(+〇〇点) | 課題共有
(+〇〇点) | 提案
(+〇〇点) | 決定促進
(+〇〇点) | 構築納入 |

予算はあるか?

ある	+〇〇点
無いけど問題ない	+〇〇点
無いことが問題	-〇〇点
分からない	-〇〇点

その他要素
キーマンの影響力
キーマンのモード
案件優先度
・・・

キーマンの姿勢?

自社ファン	+〇〇点
中立	
自社アンチ	-〇〇点
分からない	-〇〇点

その他確度に影響する要素

自由記述	±〇〇点
自由記述	±〇〇点
自由記述	±〇〇点

競合はいるか?

以内	+〇〇点
いるけど自社有利	+〇〇点
いるけど自社不利	-〇〇点
分からない	-〇〇点

確度推奨値
A:〇〇点以上
B:〇〇点以上
C:〇〇点以上
D:〇〇点以上
E:

なぜあえて異なるアプローチで確度を検討するのかというと、それらを比較検証することで活動の質を高めることにつなげたいという意図があるからです。

6-5　目的を明確にしてミーティングの質を上げる

ヒラタ　なんだか非常にややこしい話ですね。要するにSFA/CRMツールを使って活動管理を効率化する、けれども全部をツールに任せるのではなく、重要な部分は自分たちで考えたり、話し合ったりするということですか？

河村　おっしゃる通りです。すべてを自動化してしまうと、マネジャーと対話しなくなるんです。そうなると何か問題が発生していても修正できないし、営業のスキルも上がらない。管理システムの中にあえてズレを埋め込むことで、意図的に対話の場を生み出すわけです。

ヒラタ　部下に進捗状況を聞いても「今のところはうまくいっています」とか返されて、本当のところはどうなのかよく分からなかったりするけれども、問題が可

視化されれば、マネジャーはそこだけを確認すればいいので話もしやすいですよね。

河村 そういうことです。ところで、部下とのミーティングには主に三つの目的があるのをご存じですか？

ヒラタ 三つの目的？

河村 はい。一つ目は進捗確認です。先ほど説明したキーイベント管理機能があれば、進捗が遅れている案件を知らせてくれるので、その案件について遅れた理由は何か、それに対してどうするかを話します。二つ目が戦略検討。問題が発生している案件について対応策や提案方法などの戦略を検討します。そして三つ目が指導・育成で、メンバーのスキルアップのためのコーチングを行います。以上の三つの目的を明確に区別しておかないと、いつまでもミーティングが終わらず、ダラダラと続くことになります。

ヒラタ 言われてみれば確かにそうですね。自分自身を振り返ってみても思い当たるので、ちょっと耳が痛いですが。

河村 ヒラタさんだけではないですよ。実際多くの営業ミーティングを見ても、三つをごっちゃにしたままやみくもに議論しているケースがかなり見受けられま

す。とても生産的とは言えませんよね。

ヒラタ 具体的にはどう改善すればいいんですか？

河村 三つの中で最低限必要なのは、進捗確認ですよね。問題もないのに余計な議論をする必要はないので、先ほども話したように、(SFA/CRM) ツールより抽出された遅れ気味など、問題のある案件のみを取り上げます。遅れた原因についてマネジャーと担当セールスの二人が認識できれば十分です。実を言うと、担当セールスが遅れを認識して「まずい」と思ったり、言い訳を考えたりすることだけでも、すでにある程度の教育になっているんですよ。

ヒラタ ええっ、そんなことだけで？

河村 はい。すでに遅れや問題の基準が客観的に明確にされていますので、抽出された時点でセールス自身が振り返れますよね？だから、対話の場が設定されていること自体が大切なんです。対話の場がないと言い訳を考える必要がなくなり「まずい」とも思う機会も発生しないからです。それから戦略検討では、事前準備が必要です。よく「で、どんな案件だっけ？」などと案件概要の説明から始めてしまうミーティングを見かけますが、これは時間の無駄ばかり

か、セールスのやる気をそぐ大きな原因になります。事前に確認ポイントについて的確に理解し、本人が気付かない角度から問題点を指摘することは、マネジャーの重要な役割です。

　そしてコーチングでは、担当者個人のクセや傾向に気付き、問題があれば指摘した上で指導します。そのときも、問題の原因や対応策に対して事前に仮説を立てた上で、かつ「いつもここでつまずいているけれど、その原因はどこにあると思う？」などの問い掛けによって、本人の気付きを促すことがポイントです。自分で考えて納得したことでないと、なかなか行動を変えられないし、コミットメントを引き出せないからです。

　今回は受注を取るまでのプロセスということで、案件対応の活動については一通りの説明が終わりました。次回はアカウント型営業において、もう一つ重要な関係構築の活動についてお話しします。

第7章【関係構築】
お客様との長期的な関係性を構築する

7-1 組織対組織の関係づくりを目指す
7-2 アカウントプランを進化させる
7-3 「関係性の5段階」を使って活動目標を立てる
7-4 自社に対するお客様の認知を変える
7-5 SFA/CRMを使ってアカウントプランを一元管理する

7-1　組織対組織の関係づくりを目指す

河村　これまでは案件を中心とした営業活動について話してきました。特定のお客様との取引を拡大するため、お客様の事業課題から解決策を見つけ、自社の商品・サービスと結び付けて提案し、購買促進を図るという流れです。さて以前、アカウント型営業に必要な二つの活動についてお話ししましたが、覚えていますか？

ヒラタ　はい、関係構築ループと案件対応ループの二つの活動ループをバランス良く回していくことが大事だという話でしたよね。

河村　アカウント型営業では、案件を追いかけるという短期的な活動だけでなく、お客様との関係を維持発展させていくために組織対組織の関係づくりという長期的な活動も同時に進めていかなければなりません。そこで今回は、もう一つのループである関係構築活動について考えていきましょう。

ヒラタ　組織対組織の関係づくりというのは、上位者同士の交流ということですか？

河村　もちろん上位者交流も重要ですが、それだけでは組織対組織の関係づくりとは言えません。例えばサービス部門が営業を介さずに直接サポートをするとか、あるいは技術者が共同開発に携わるとか、機能レベルで密着していることが重要ですね。要は人同士のつながりだけでなく、仕組みとして関わりを強固にすることによって、他社に代替されないよう参入障壁をつくることを目指します。

ヒラタ　安定的な収益を上げていくためには、それが欠かせないと。

河村　その通りです。技術や品質に圧倒的な優位性でもない限り、結局は価格での勝負を続けていくことになる。そうした消耗戦を避けるためには、お客様との緊密な関係を築いていくしかないのです。

　その意味でアカウント型営業というと、これまでは「攻める顧客」をターゲットとして強く意識してきましたが、今回はどちらかというと「守る顧客」を対象にどのような活動を展開していくかという話になります。もっと厳密に言えば、「攻める」ゾーンの顧客を「守る」ゾーンへと移し、かつ安定的に守るために何をしていくか、というイメージになります。

7-2 アカウントプランを進化させる

ヒラタ 二つの活動ループは連動していること、つまり案件活動を通じた関係構築活動になっていることが重要だとおっしゃっていましたよね。

河村 はい。そこで以前、アカウントプランを紹介しましたよね（第3章）。そのときは新規案件創出のための顧客情報を書き込みましたが、さらにそれを補強して関係構築のためのアカウントプランへと進化させることが必要になります。その基本的な骨組みを示したものが図18です。状況評価、戦略、行動計画の3要素と、それを活動レビューによって回していくという構成になっています。

　まず状況評価からいきましょう。このときポイントとなるのが、以前にもお話ししたフィールド・オブ・プレイです（第5章）。

ヒラタ 案件に関わるすべての取引関係者という意味でしたっけ？

河村 そうです。ただ、関係構築活動では組織対組織という考え方が基本です。つまり、ある特定の案件に関

第7章【関係構築】お客様との長期的な関係性を構築する

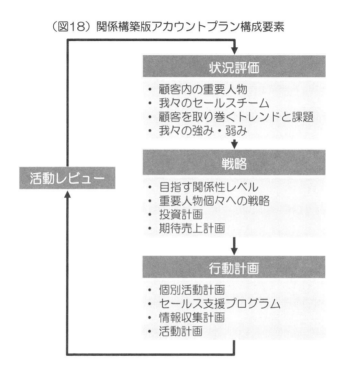

(図18) 関係構築版アカウントプラン構成要素

わる関係者ではなく、この会社との関係を深めていきたいときに、絶対に押さえておかなければならない重要人物は誰なのか。そうした俯瞰した視点から、会社、事業所、取引分野レベルでフィールド・オブ・

プレイを特定し、その役割や取引関係構造における
ポジション、関心事や問題意識について整理してい
きます。その上で我々が発揮できる強みと弱みを洗
い出します。

ヒラタ　やるべきことは前回教えていただいた商談プランの
内容と基本的に同じですね。

河村　その通りです。ただし、今回はチーム対チームであ
ることをより強く意識することが重要です。チーム
としてお客様のどの事業分野に貢献できるか、長期
的にお客様が欲していることは何なのか。それらを
踏まえた上で現状分析をしていかなければいけませ
ん。

7-3 「関係性の5段階」を使って活動目標を立てる

ヒラタ　ちょっとお聞きしてもいいですか？　案件対応の活
動では、契約を取るという明確な目標がありますが、
関係構築活動にはそうした具体的な目標というもの
はあるのですか？　関係性を深めるというだけでは、
なんだか曖昧な感じがして疑問に思ったのですが。

第7章【関係構築】お客様との長期的な関係性を構築する

河村　いいところを突いてくれました。おっしゃる通り、目指すビジョンがないと活動のしようがないですよね。それをこれから説明します。

　まずは関係性には次の5段階あると考えられます。1.コモディティー化した商品を届ける、2.「優れた」製品もしくはサービスを届ける、3.「優れた」サービスとサポートを提供、4.ビジネス上の課題に貢献、5.経営上の課題に貢献、の5段階で、お客様との関係性を評価する尺度の一つとなります。段階が上に上がるほど組織対組織の関係が強固になる、あるいは深化しているといえます。お客様の期待という観点で分けると、1から3までが良い商品やサービスを提供してほしいという期待、4と5が事業の成功や経営上の課題解決に貢献してほしいという期待になります。もっと単純化すれば、1〜3がサプライヤー、4と5はビジネスパートナーあるいは経営アドバイザーという捉え方もできますね。

ヒラタ　ということは、アカウント型営業で目指すのは4とか5のレベルということになりますね。

河村　まあ、それはそうなのですが、1のレベルにある会社がいきなり4や5を目指すというのは現実的ではあり

ませんよね。現時点ではどのレベルなのかをまず認識し、1年後にはどうありたいか、2年後、3年後には……と、ある程度の長期的スパンの中でお客様との関係性レベルをどのように上げていくのかという目標を設定します。

ヒラタ　なるほど、段階的に目標を立てるんですね。でも、その目標を達成できたというのは何をもって判断するんですか？

河村　それも事前に決めておきます。例えば、お客様から○○という依頼をされたら関係性レベルが3から4になった、という具体的イメージで整理しておくといいですね。それも含めて目標を達成するために、いつ、どのフィールド・オブ・プレイに対して、どのような貢献をするのかなどを構成要素として具体的にまとめておくことが必要です。特に重要なのが、関係構築のためにどんな営業投資をするかということです。

ヒラタ　営業投資ですか？

河村　要するにお客様との関係を深めるために先行投資として何らかの手を打つことです。例えば、顧客用の窓口や専任のサポートチームをつくったり、無償の

マニュアルを作成したりするとか。産業機械を扱っている会社でしたら、遠隔監視システムをお客様用にカスタマイズして取り付けてあげるということも最近よく見られます。

ヒラタ　ウチの会社では、お客様に新しい機械の貸し出しをしたり、無償で操作説明会を実施したりしていますね。それで長く取引できるのであれば、回収はいくらでもできるということで。

河村　それはいいアイデアだと思いますよ。お客様にとってはその会社ならではの貢献が欲しいわけです。先ほど先行投資と言いましたが、それ自体が組織対組織の関係づくりになっていることも重要なポイントです。

7-4　自社に対するお客様の認知を変える

ヒラタ　ただ思うんですが、関係性レベルを上げるんだといってこちらが努力しても、お客様がどう思ってくれるかは分からないですよね。そう簡単にコントロールできるものなのかなって。

河村　そうですか。では、そもそも関係性を変えるというのはどういうことなのかあらためて考えてみましょう。関係性の5段階でお客様の自社に対する期待が1か2のレベルにとどまっているとします。そうすると、お客様にとってはいい商品を届けてくれればよくて、別に事業や経営の課題を解決してもらおうなんて自社に期待しないですよね。それは自社をそういう会社だと認知しているからです。つまり、関係性を変えるというのは、相手の認知を変えることなんですよ。

ヒラタ　認知を変える？

河村　以前、3C分析によってお客様の事業課題を引き出し、そこから自社が貢献できることを探していくという話をしましたね。まさにそれが認知を変えるための行動の一つなんです。お客様の期待以上のことをあえて自ら進んで行うことによって、お客様の認知を変えていく。仮に商談に結び付かないことでも、お客様に役立つのであれば提供する。それを面倒くさいと思って避けていたら、関係性なんて変えることはできないですよね。

ヒラタ　認知を変えるというのは、結局それまでの枠を超え

第7章【関係構築】お客様との長期的な関係性を構築する

て行動していくしかないと。
河村　お客様は日々私たちの行動を経験し、その経験を基に私たちを「○○なセールスである」「××な会社だ」と認知しています。これをラベリングと言いますが、お客様の認知を変えるには、行動を変え、それまでと違う経験をさせることが重要になります。そのためには、ルーチンの活動に閉じこもるのではなく、ときにはリスクテイクを恐れずに新しいことへと踏み出していかなければいけない。そうでないと、いつまでもお客様の認知は変わらないままです。
ヒラタ　納得しました。こちらから働き掛けない限り、お客様との関係性は変えられないということですね。
河村　はい。それと関係構築活動を会社の取り組みとして継続していくには、やはり活動レビューが重要です。例えば半年ごとに社内で発表し、第三者から評価される場をつくっている会社もあります。
ヒラタ　それはマネジャーが評価される対象になるということですか？
河村　報告をまとめるのは担当者とマネジャーですが、管理を問われるのでマネジャーですね。チームとしてどんな取り組みを行ったか、それによって何か変わ

ったのかといったことが評価ポイントになります。

　ちなみに弊社では、関係構築活動を戦略的に実行するためのプログラムとして、LAMP（Large Account Management Process）を提供しています。

7-5　SFA/CRMを使ってアカウントプランを一元管理する

ヒラタ　河村さんのお話を伺っていて、関係構築活動に対してマネジメントの意識が薄かったことに気付きました。アカウントプランまでつくって管理していくという発想はなかったです。

河村　いや、実際にそこまでできている会社は少ないですよ。案件管理ですら取引履歴しか残していないところもありますからね。アカウントプランの重要性に関しては、多くの企業がまだ理解していないというのが私の認識です。なので、最後にアカウントプランについてもう一度まとめておきましょう。

　そもそもなぜアカウントプランで顧客情報を管理するのか。その理由は二つあって、一つは活動の質

を高めるため、もう一つは顧客情報を会社の財産として残していくためです。

ヒラタ 活動の質を高めるというのは分かりますが、会社の財産として残すというのは？

河村 顧客情報をバラバラに管理していると、まともな引き継ぎができなかったり、必要な情報を取り出したいとき探すのに手間がかかったり、多大な機会ロスが生じるからです。結局、その場その場の案件対応にしか関心が向かなくて、情報は会社の財産なんだという意識が希薄だとそういうことになりがちです。特に重要アカウントに対しては会社の共有財産として誰もが情報を活用できるようにきちんと維持管理していかないといけません。

ヒラタ ウチの会社でも顧客情報を共通のプラットフォームで管理しようということでSFAへの移行を進めているのですが、まだぜんぜん進んでいなくて。共有ファイルにごちゃごちゃに情報が格納されていたり、中には紙の情報が何の整理もされないまま何年も倉庫に眠っていたり。早急に対処しないといけないですね。

河村 せっかく移行するのでしたら、アカウントプランを

そのままSFA/CRM上で管理できるように設定してはどうでしょう。エクセルと違ってSFA/CRMならリアルタイムで活動状況が把握できるし、活動履歴もすべて残る。各フィールド・オブ・プレイについての情報も蓄積され、それをチームで共有できるので関係構築活動もしやすくなります。

　SFA/CRMツールによるアカウントプランの一元管理のメリットをまとめます。

- 関係者が情報共有できる
- 活動履歴や商談履歴などとの連動
- 変更履歴も含めた変化の計測が可能
- リアルタイム管理
- 商談情報、提案資料などの検索が容易
- 情報のひも付けがしやすい

ヒラタ　SFAはプロセス管理ツールとして使っていて、あまり活用できていなかったのですが、こうした顧客情報の管理から始めるといいかもしれないですね。

河村　そうですね。まずは使いやすいところから始めて、慣れてきたら活用の幅を広げていくというのでもい

いと思います。
　さて、関係構築活動について説明したところで、アカウント型営業について私がヒラタさんにお伝えしたいことも一通りお話ししました。ちょっと難しい話もあったかもしれませんが、いかがでしょう？少しはお役に立てたでしょうか？

ヒラタ　少しどころか、すごくためになる話ばかりでとても感謝しています。そんなやり方があったんだと、目からウロコの連続でした。それ以上に営業の可能性というか、ロジカルに実践していけば、まだまだやれることはあるんだということがわかって、意欲が湧いてきました。

河村　それは良かった。ぜひそれを仕事の中で活かしていただけたらうれしいです。また何か分からないことや悩んでいることがあったら聞いてください。

ヒラタ　ありがとうございます！

補章
営業における働き方改革のポイント

1　負担業務から効率化・代行できる業務を仕分ける
2　営業戦略と業務仕分けをセットで議論する

1　負担業務から効率化・代行できる業務を仕分ける

ヒラタ　お久しぶりです、河村さん！　今日はお忙しいところ、わざわざお時間をつくっていただいてありがとうございます。

河村　どうぞ気になさらないでください。また何かお悩みでも？

ヒラタ　ええ……。以前もご相談させていただいた働き方改革のことなんですが、困った事態になっていまして。実は河村さんから助言をいただいた後、業務仕分けのプロジェクトを立ち上げたんです。質の議論からきちんと始めようじゃないかということでね。ところが実際にやってみると、これがなかなかうまくいかなくて。

河村　そうでしたか。どんなところでつまずいているんですか？

ヒラタ　一つは営業業務を主要業務と付帯業務に分けるとき、人によって仕分けの基準が違っていて、意見が全然まとまらないんですよ。「これはアシスタントに任せていいだろう」「いや、絶対にセールスがやらな

いとダメだ」とミーティングでずっと「かんかんがくがく」やっていまして。

河村　仕分けの基準が明確になっていないということですね。

ヒラタ　もう一つはお客様と担当セールスとの関係です。お客様とのつきあいが深いセールスの場合、負担軽減のための仕事の振り分けをしても、お客様にそれを納得してもらえるのかという懸念があるんです。実際、納品立会いに別のセールスを行かせたら、「なんで担当が来ないんだ」とお客様からクレームを受けたこともありまして。

河村　まあ、代替できる仕事を人に振るといっても、お客様側の気持ちもあるので、そう単純にはいかないですよね。

ヒラタ　さらに厄介なことには、担当セールスまで「自分じゃなきゃこの仕事は務まらない」と思い込んじゃっているところがあるんですよ。私から見たら、まったくそんなことはないんですけどね。

河村　なんとなく事情は分かりました。まずは仕分けの基準からクリアにしていきましょう。図19は業務仕分けの考え方を示した四象限図です。その業務が一般

的な仕事なのか、それとも専門的な知識を必要とするのかという軸と、お客様ごとに個別の業務なのか、それともすべてのお客様共通の業務かという軸で仕分けをします。

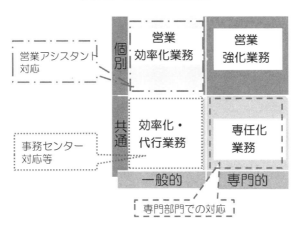

(図19) 営業の業務仕分け

ヒラタ 前回説明していただいた主要業務/付帯業務という分け方は、ここではどのような位置づけになるのですか？

河村 基本的には一般的/専門的という軸ですが、主要業務と付帯業務についてはまた後で説明しますので、

いったんここでは置いてください。

　まず一般的で共通の業務、これは効率化やアウトソーシングが一番しやすいところです。例えば事務センター等をつくって対応することができますね。では一般的で個別の業務はどうか。これも代替可能な業務です。そのお客様の事情に詳しい営業アシスタントなどを置くなどして対応できます。

ヒラタ　お客様の情報の引き継ぎができていれば、代わりの人に任せられるということですよね。

河村　その通りです。では、専門的な知識を必要とする業務となるとどうでしょうか。お客様共通の業務であれば、専門家あるいは専任技術者が問い合わせに対応すればいい。ということは、ここも実は効率化できるわけです。そうなると、専門的かつ個別の業務以外はすべて、営業でなくても代替できることになる。逆に言えば、専門的かつ個別の業務に営業的リソースを投入するために、それ以外の業務をできるだけ代行・効率化する必要があるわけです。

2 営業戦略と業務仕分けをセットで議論する

ヒラタ 河村さんの説明によると、営業がやるべき仕事というのは、専門的知識を必要とし、かつお客様個別の業務ということになりますね。

河村 ところが、それだけでは営業の業務仕分けとしては不十分な議論なんです。図19の四象限図はあくまでも、営業の負担業務を一般的／専門的、個別／共通という二つの基準で仕分け、それによって代替できる付帯業務が何かを可視化するためのものに過ぎません。営業の業務仕分けにはもう一つ重要な論点があって、そもそも営業とは何をする仕事なのか、あるいはどうあるべきかということを考える必要があるんです。

ヒラタ 営業はどうあるべきか、ということをですか？

河村 はい。例えばですが、顧客対応をする部署を「営業部」と呼び、新規開拓の仕事に関しては「新規事業開発部」や「市場開発部」という別組織を設けている会社が結構あります。つまりそれは、営業の仕事というのは「お客様の御用聞き」であるという考え

方ですよね。もっと言うと、お客様への対応力こそが営業の価値であるとしているわけです。

ヒラタ そうなると、先ほど仕分けた付帯業務も、やっぱり営業がやらないといけなくなるのでは？

河村 そういうことになります。それと営業は多分に属人的な仕事なため、先ほども話したようにお客様との関わりから業務を別人に代替させるのが難しいという側面があります。その場合、仕事の優先度を決めてお客様を選別する必要も出てくる。ですから、まず自社の営業はどのような価値を生み出していくのかを議論した上で、業務の仕分けをすることが重要になるのです。

ヒラタ どの方向を選択するかによって変わってくると？

河村 はい。そこで、もう一つの四象限図として図20を見てください。営業活動を守り／攻め、上流／下流という指標で分けています。現場（下流）のニーズに対して「守り」という営業活動を行う場合、顧客から求められる価値は「対応力」となります。それに対して、私がこれまでヒラタさんに話してきた新規案件創出活動は、その対角の上流のニーズに対して「攻める」という営業活動です。「対応力」を求められる

営業活動では、先ほども話したように全ての負担業務を営業がカバーしなければなりません。しかし、そこから上流上位に対する攻めの営業活動にシフトする場合、負担業務から付帯業務をできるだけ営業以外に担当させ、営業は「企画提案」にリソースを集中させる必要があります。

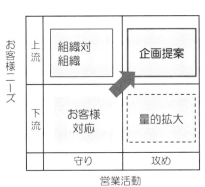

(図20) 営業主要業務（戦略）の方向性

ヒラタ つまり、自分たちがどんな営業戦略を取るかが合意できていないと、業務仕分けが意味を持たないということですか？

河村 はい。具体的な営業戦略や方向性が定まることによ

って初めて、主要業務と付帯業務の仕分けが明確になるわけです。また、セールスがお客様の御用聞きに甘んじて「これは自分しかできない仕事だ」と思い込むのも、同じく営業の方向性が見えていないからだと思います。営業戦略やビジョン、そして業務仕分けの方法をセットで議論していくことが、営業における働き方改革のポイントといえます。

ヒラタ　単に業務仕分けだけを議論するのは不十分。自分たちの営業戦略は何なのか、どこを目指すのかということを一緒に考えなければならないと。今日の河村さんの話を持ち帰って、もう一度働き方改革について見直したいと思います。

河村　はい。ヒラタさんたちの取り組みがぜひ成功することを願っています。

参考資料

Miller, R.B and Heiman, S.E. 2005. "The New Large Account Management," New York: Grand Central Publishing

Heiman, S.E., and Sanchez, D. 1998. "The New Strategic Selling," New York: Grand Central Publishing

Miller, R.B & and Heiman, S.E. 2005. "The New Conceptual Selling," New York: Grand Central Publishing

Miller Heiman Group, 2015. "Professional Selling SkillsR"

Sales Enablement
アカウント型BtoB営業における営業力強化
デジタルマーケティング時代の法人営業戦略とは

2018年10月30日　初版第1刷発行

著　者	株式会社富士ゼロックス総合教育研究所　河村亨
発行者	谷村勇輔
発行所	ブイツーソリューション 〒466-0848 名古屋市昭和区長戸町4-40 TEL：052-799-7391 / FAX：052-799-7984
発売元	星雲社 〒112-0005 東京都文京区水道1-3-30 TEL：03-3868-3275 / FAX：03-3868-6588
印刷所	モリモト印刷

万一、落丁乱丁のある場合は送料当社負担でお取替えいたします。
ブイツーソリューション宛にお送りください。
©Toru Kawamura 2018 Printed in Japan ISBN978-4-434-25130-6